你不了解的十国春秋

水龙吟 著

马楚、南平

辽宁人民出版社

© 水龙吟　2021

图书在版编目（CIP）数据

你不了解的十国春秋 . 马楚、南平 / 水龙吟著 . —
沈阳：辽宁人民出版社，2021.2
ISBN 978-7-205-10002-5

Ⅰ . ①你… Ⅱ . ①水… Ⅲ . ①中国历史—楚朝—十国
（907–979）—通俗读物②中国历史—南平—十国（907–
979）—通俗读物 Ⅳ . ① K243.09

中国版本图书馆 CIP 数据核字（2020）第 233866 号

出版发行：辽宁人民出版社
　　　　　地址：沈阳市和平区十一纬路 25 号　邮编：110003
　　　　　电话：024-23284321（邮　购）　024-23284324（发行部）
　　　　　传真：024-23284191（发行部）　024-23284304（办公室）
　　　　　http ://www.lnpph.com.cn
印　　刷：北京长宁印刷有限公司天津分公司
幅面尺寸：170mm×240mm
印　　张：16
字　　数：160 千字
出版时间：2021 年 2 月第 1 版
印刷时间：2021 年 2 月第 1 次印刷
责任编辑：赵维宁
封面设计：乐　翁
版式设计：一诺设计
责任校对：吴艳杰
书　　号：ISBN 978-7-205-10002-5

定　　价：49.80 元

前言
PREFACE

　　笔者不过一闲人，受邀写序，实是不解。然明轩公子轻描淡写道："我从不以名气为标准衡量谁'够格'与否，我只希望你有所感触，迸发出一些别样的思路。"遂释然展卷。行文的明快恰如他为人之潇洒，我看见，当代人轻逸的笔尖掠过神州千年烽火，停留在晚唐最为深暗的血污之中。紫绶、绿酒、白骨、赤地铺陈为巨大的棋盘，或起于草莽、或冲破王廷的节度使们竞力角逐——云霄一羽翩然降落至古文明腹地，有千钧之重。

　　明轩从似乎波澜不惊的852年说起。李忱在位，杜牧辞世，破碎河川似乎在平静里苏生。然而，正是这一年，却有分割帝国的四个煞星相继降世，自然包括主人公马殷。这位日后的南楚国主，世称"霸图公"，此刻尚在秦宗权、杨行密等人的阴影之下，无从登上割据的舞台。耐心的作者却能以这些知名配角为引，徐徐铺开马殷其人的乱世功业。作者开篇立论，马殷"扭转了整个湘江大地与中原之间的定位"，也值得我们细细琢磨。第一章《千里西行》，开嗓便已吊起了历史地理学的韵味，可见作者的知识储备。多维度的历史体验相互重叠，将战事、政斗烘托得深入浅出，想是对读者极友好的。

说来惭愧，我虽是历史学出身，对马楚王朝却只有一个模糊的概念，更遑论所谓"五代十国"。每逢闲话，我说出后梁、后唐、后晋、后汉、后周五代，南唐、吴越、马楚等十国后便立刻闭嘴，只求不深入细节探讨。若哪天的对谈兴致较高，我则只能顾左右而言他，挪来相关唐史，支支吾吾——错综复杂的时间线与支离纵横的各方势力，足以令大多数人望而却步。但连基本的史实和重要时间点都无法掌握，又何以探讨这承唐启宋、在中古史上具有重大意义的七十余年？

此时，明轩以一个较轻松的方式，为我们理顺了十国的尸山血海。他明朗的笔调，也在读者与历史之间寻求到一个较好的平衡点：不是隔岸观火，也不至于殃及池鱼，而是任我们的目光受文思牵引，巧妙地穿行在五代山岳、十国河川之间。马殷、朱温、钱镠……你方唱罢我登场，南北战役，尽数奉上。于是，唐廷在遥望里崩塌，霸主的旌旗于身旁猎猎。今朝起、明日落，盖世霸图有几时？唯生民哀泣，唱彻古今。

终是"绮罗毕兮池馆尽，琴瑟灭兮丘垄平"。

旧时谈笑，明轩曾分享其词作一首，看来是篇言简意长、史料丰厚的湖南游记，题为《沁园春·湘水》，附于斯。

漫步潭州，朝云印染，南风立轴。拾岳麓而上，亭阁列座，苍岩翠色，涧溢古幽。

松坡立冢，竞武埋骨，碑林皅皅俱高丘。凌巅峦，观湘水波状，萦绕沙洲。

舜妃哭竹何处？叹楚绝中原不服周。昔秦殁汉立，吴芮裂土。黄巾猖乱，八骏筹谋。

铅刀易折，九锡无获，荆扬争衡未曾休。凡擅命，尽开门节度，闭户王侯。

——宁波大学历史系在读生张翼遥

目录 │Contents

第一章

千里西行

一、食人魔秦宗权

　　852年是唐宣宗李忱大中六年，此时的大唐王朝虽经安史之乱后威风不再，但通过这位号称"小太宗"的有为之君的努力，竟然也迸发出一丝生机。于他眼中，似乎这只不过是他执政生涯中很稀松平常的一年，除了大诗人杜牧的离世略有一些遗憾外，一切都显得波澜不惊。

　　然而大风起于青蘋之末，就是在这稀松平常的一年中，诞生了四个日后一举分割唐帝国的煞星，他们分别是吴越国君钱镠、马楚国主马殷、淮南霸主杨行密以及李唐的历史终结者——后梁太祖朱温。而本书的主人公之一马殷，在这四人中当数最不起眼的一位，论霸业自然不如朱温、杨行密，就单论后世的知名度，也要比钱镠差很多。但是，也恰恰是因为他，扭转了整个湘江大地与中原之间的定位，直至今天。

　　作为一个开国之君，其履历表（本纪）上一般都会在关于他出生时的种种天上异象抑或是幼年时的奇遇上大书特书一笔，可马殷是个例外；无论是以中原王朝为中心的"新旧五代史"还是说以南方国度为中心的《十国春秋》，甚至说是主讲荆湘大地的《三楚新录》，都对马殷从出生到青年时期这段语焉不详，甚至可以说是只字不提。只是提到马殷字霸图，连出生地都出现了三个版本——许州鄢陵说、许州扶沟说、蔡州上蔡说。而论及祖上，更是以一句"自云伏波将军马援后"一笔带过。当然，一本正经地讲这也实属正常，年轻时候的马殷只是一个木匠，按照古代士农工商的顺序，作为一个手工业者的地位还是很低的。而且，从马殷后来弃木工而参军来看，他这个木匠当得估计也不入流。

好啦，既然历史没有记载，我们也无从挖掘，倒不如从历史上已有的记载中去发掘出有价值的东西。而翻看史料，马殷的第一次登场亮相就是作为秦宗权的部下，被编入孙儒集团军担起南下攻略江淮的重任。

秦宗权是谁？也许对于五代十国这段历史不熟悉的朋友未必知道他，但是说起黄巢，那可就是妇孺皆知了。毕竟，"冲天香阵透长安，满城尽带黄金甲"可是随便一个小学生都能朗朗上口背诵出来的。当然，课本只会教我们黄巢作为诗人的一面，作为起义军领袖的一面，但绝不会告诉我们他吃人的一面。

> 贼俘人而食，日杀数千。
>
> 贼有春磨砦，为巨碓数百，生纳人于臼碎之。
>
> ——《旧唐书·列传第一百五十·黄巢传》

这段话寥寥数语，却为我们勾勒出一个恐怖的吃人操作流程。问如何将活人加工成人肉，这其实和把大象放冰箱是一个道理——三步走，第一步将人投进大石臼或大磨盘，第二步捣碎或碾碎，第三步即是捞出来去骨后就可以吃了。

那么，有人要问了，黄巢吃人和秦宗权有什么联系？原来，在黄巢鏖战河南之际，秦宗权作为唐朝一方藩镇，竟然和黄巢合流了，甚至还将吃人肉的方法学了下来。更为恐怖的是，为了延长人肉的保存时间，他竟然用起了腌制模式，成了继黄巢之后又一个恐怖的食人魔王。

如果希特勒不发动战争，也许世界对其独裁之下的德国并不会大加批判，但当他将战火燃烧到德国之外时，人们对其的憎恶与诅咒便油然而生了。同样，作为节度使的秦宗权倘若只是关起门来自行做着食人的恐怖事情，也许不会让他的骂名远播，可他似乎并不屑于局促在小小的河南蔡州一隅，而是发起了对四面八方的侵袭，伴随着这些侵袭，蔡州军团食人魔的名声也便传去了四面八方……

因为河南地区是黄巢部队撤离长安后的重灾区，所以周围各个节度使实力都受到了一定程度的削弱；又因为秦宗权在这次大规模战斗中站在了黄巢一方，反而使得他的实力得以保留。当硝烟散去，秦宗权环顾四周，猛然发觉此刻的形势正如一句网络用语所说：能打的一个都没有。在那个力大为王的时代，这无疑是滋长了秦宗权攻略四方的野心，于是乎，一场波及整个华中地区的战争由此打响。

885 年，秦宗权命弟秦宗言攻荆南（今湖北江陵一带）；秦诰出山南，攻襄州（今湖北襄阳）；孙儒破东都洛阳，围陕州；陈彦寇淮、肥；秦贤略江南；秦宗衡乱岳、鄂。

蔡州军团所到之处，屠老孺，焚屋庐，史书记载："自关中至青、齐，南至荆、郢，北至卫、滑，皆虏骇雉伏，至千里无舍烟！"

在秦宗权这次四面放火的军事行动中，我们撇开一些闲杂人等，将目光聚焦到孙儒军团，因为此时的马殷恰巧就在这个军团中服役，而这个军团里的一些骨干日后将搅乱整个中国南部的格局。

作为军团的首脑人物，孙儒的战绩可谓是相当耀眼，我们先来看一组战绩——

光启元年（885）六月，孙儒奔袭洛阳，数月间便攻克唐朝东都，并击退河阳节度使的援军。

光启元年（885）十二月，孙儒乘胜攻打郑州，攻克郑州后旋即东渡黄河，夺取了河阳节度使诸葛爽的地盘，兵锋直抵宣武节度使朱温辖区。

既然是秦宗权帐下的可塑之才，攻坚任务自然当仁不让，孙儒也再次接受新的指令：南下江淮，夺取淮南大地。当时的淮南基本包括了今天江苏中部、安徽北部及湖北部分，是唐王朝最为豪奢之地，天下赋税十之八九便取自于此。而坐镇淮南的是谁？淮南节度使、渤海郡王、名将高骈。

高骈可谓是大唐晚期体制里淬炼出来的最后帅才了，出身高门，长期奋战于西南一线，在对吐蕃、安南、南诏等西南政权的战役中立下赫赫战功，甚至可以说，南诏便是因其而亡。但是就是这样一位被国家寄予厚望，期待着能够成为王朝中兴的得力干将，却在黄巢之乱中作壁上观，甚至上书朝廷，斥责当时的皇帝唐僖宗是个如汉更始帝一般的昏庸傀儡。李唐政权名望扫地的同时，也让他自身受到了各方诸侯的质疑。

而孙儒军团南下的时间点也是掐得相当好（不排除孙儒自身做了充足功课），当时高骈手下毕师铎反水，囚禁了高骈，淮南一带成了权力真空区。不光是淮南地区，就连和高骈防区毗邻的浙西地区也出现了类似事件，浙西地区一把手周宝同样遇到了手下反叛，自己被围困在了常州城中。

江南江北同时起火，这不得不说是老天给予孙儒的良机。当然，良机永远不会只垂青于一人，在江东这片土地上，又蹦出了孙儒的两个竞争者，而且这两人还并不好对付，分别是南吴国的实际奠基者杨行密以及吴越国开国之君钱镠。他俩分别打着为老上司高骈及周宝复仇的旗号，向扬州和常州杀奔而去。

先说杨行密，在十国乱世中，杨行密号称是"十国第一人"，那能征善战自然是不遑多让的，毕师铎虽然有高大的扬州城以及数量不输于杨行密的军队作倚仗，但在经年累月的攻防战中还是被迫退出了扬州城。

拿下扬州城的杨行密也许是过于喜悦，犯了两个致命性错误，直接让自己处于很被动的局面。其一是当时贮存在城西的粮草及攻城器械没有及时运入城内，其二就是没能追亡逐北，消灭毕师铎所部。

那么，没能运进城的器械钱粮孙儒给照单全收了，从扬州城逃出来的毕师铎所部也被孙儒给收编了，一箭没放就捡到了这么多尖端装备，这是妥妥要成为王者的节奏啊。当然，步子迈得太大容易扯着蛋，幸福来得太突然也易乐极生悲。

就在孙儒准备顺势拿下扬州城之际，老上司秦宗权突然来信，邀其北归。原来，自从孙儒军团脱离后，秦宗权在与邻居朱温的摩擦中就显得有些捉襟见肘了，孙儒北返，击败朱温，这是秦宗权迫切需要的。但问题来了，孙儒会放弃这唾手可得的淮南大地吗？当然不会！可形势似乎并不允许孙儒拿主意，因为当时孙儒不过是军团的副帅，而名义上的主帅是秦宗权的弟弟秦宗衡。作为弟弟，兄长有难岂能见死不救？于是乎，秦宗衡下达了北归指令。

领导脱离基层，但又喜欢瞎指挥，那作为下属应该如何？不同的人给出了不同的做法。高骈选择了写信谩骂（斥责僖宗），毕师铎选择了以下犯上（囚禁高骈），而作为十国乱世中凶悍狡黠首屈一指的孙儒，自然更是不走寻常路。在假意听从秦宗衡意见北归，召集诸将的聚会上，孙儒手起刀落，于席间就击杀了这位毫无存在感的领导。

为什么说秦宗衡毫无存在感呢？因为孙儒摆了这么一出鸿门宴之后，居然也没见什么人出来闹腾，甚至说秦宗衡的族弟秦彦晖都默认了孙儒的上位。当然，凡事也会有例外，有一位名叫安仁义的沙陀人就在这次兵变后率部脱离了孙儒军团，投奔到敌对方杨行密的帐下。

沙陀人，是活跃于唐末和十国间的一个民族，他们原本是西突厥的一支，在唐朝末年的乱局中异军突起，甚至入主中原建立了后唐、后晋、后汉、北汉四个政权。即使在其他政权里，也总能见到他们活跃的身影。安仁义是怎么在秦宗权手下任职的，史书也语焉不详，但从他这一举动来看，至少他和孙儒不对付。

二、最凶，最悍，土团白条军

孙儒收编了毕师铎，杨行密接纳了安仁义，在战事开始之前似乎双方都对对方有了一定的了解。但是，这场江东大混战可并不是杨行密和孙儒的双雄对峙，此时，在常州城内还有一人正秘密地关注着局势，这个人就是钱镠。

钱镠和朱温、杨行密以及马殷同岁，也是后来吴越国的开国之君，为人奸诈伪善，以杀上司而闻名于江淮。之前说了，浙西地区的一把手周宝被手下反水，困守常州城，钱镠于是学杨行密以"为领导复仇"为口号，从杭州北上兵围常州，破城之后先杀叛军，再把领导周宝也给干了。这一出乌龙闹剧上演完后，钱镠趁热打铁，又以追剿残余叛军的名义，把常州周围的苏州、润州也给拿了下来，坐稳了浙西三州。这边岔开说下，彼时的苏州是今天的苏州外加嘉兴及上海部分，彼时的常州即今天的无锡、常州两市，彼时的润州便是南京和镇江。

前有孙儒大军压境，后有钱镠虎视眈眈，手里的扬州城又经过一番战火显得残破不堪，高瞻远瞩的杨行密决定保存实力，带着大军就撤回了庐州。当然，杨行密毕竟是杨行密，撤军还不忘开疆拓土的，在从扬州撤回庐州期间，还顺手把宣州给夺了，也恰恰是这一举措，让杨行密有了日后死里逃生、鲤跃龙门的底牌。

唐文德元年（888）十二月，北方的局势陡然变化，孙儒的老领导秦宗权在与朱温的争霸战中败北，殒命河南，朱温成了中原地区最强大的军阀。为了讨好这位曾经的手下败将，孙儒也不得不放下身段，将归降后仍不安分的毕师铎、秦彦等人砍了首级，送往朱温那以示友好。

但是，朱温似乎还惦记着之前孙儒在秦宗权帐下时对自己的一系列打击，非但没有和孙儒缓和关系，还站在了孙儒的对立面，与杨行密结成了联盟。形势的变化让孙儒不得不主动出击，兵渡长江，浩浩荡荡地朝着江南杀来。当然，老豺孙儒对于战机的捕捉一贯是很准，这次大军渡江也是因为前不久浙西三州又闹腾起来了。

原来，钱镠由于上位手段太脏，导致手下有样学样，润州在被钱镠掌控后没多久，又出现了军队哗变，一下子失去控制。而杨行密此时又从宣州出兵，派部下田頵拿下了常州城。一夕之间，钱镠又只能孤零零地抱着一个苏州城了。

但是孙儒渡江之后，一切又都被推翻了重来，孙儒军以泰山压顶之势，相继拿下润州、常州，给杨行密和钱镠各自赏了一记响亮的耳光。而后，孙儒任命部下刘建锋为江南战区总司令，管辖新领地，自己则悠哉游哉回扬州城去了。似乎孙儒此时觉得，杨行密与钱镠已经不足为虑，剩下的让小刘收尾就行了。然而，从后续的发展来看，这无疑是孙儒犯的一大失误，失去了一次将战果扩大的战机。

这里岔开说下，孙儒军团此时已经有了新的名字——土团白条军，这番号有何特殊含义呢？史书中没有给出具体的说法，而后世的人对此也是莫衷一是，有人认为这是本土军的意思，也有人认为此时的孙儒军军服是白色的。个人感觉这应该也是与孙儒从着装上命名的，土团即军人着土黄色军服，白条反而不是衣服的颜色，而是白幡，即旗帜。白色的旗帜能给人以一种肃杀和恐怖之感。

回过头来，孙儒如此安排也足可见此时的刘建锋已是他以下土团白条军内部地位最高者，而我们的马殷，此时就在刘建锋所部服役。相比孙儒，刘建锋也许稍欠火候，润、常两州的领主之位还没坐热，又被杨行密的大军给赶下台了。不仅如此，反骨仔钱镠的隔岸观火也让杨行密很不爽，拿下两州后又兵发苏州，将钱镠也打出了江南大地，逃回了老家杭州。

刘建锋不行，那孙儒就自己上阵，在整合了刘建锋溃军后，孙儒再次杀向江南。虽然说从排兵布阵上杨行密并不差孙儒多少，但是麾下将士的战斗力比拼上，杨行密的部下还是弱土团白条军许多，苏、润、常三州再度沦陷。

经过这一年多的厮杀，钱镠和杨行密都已略显疲态，苏、润、常三州则因为三方混战而民生凋敝，一片狼藉。从目前的局势来看，孙儒占据了江南淮南两片富庶之乡，俨然成为了江东一带最大的军阀，就是中原大佬朱温都得忌惮三分。而杨行密和钱镠，一个撤回庐、宣、湖三州休整，一个则蜷缩于杭州城中，似乎是败亡在即。

孙儒的强势崛起也让朱温感到不安，于是援助杨行密的军队就从北方南下了，但是这支军队在很短时间就被孙儒给击败了。朱温的动作让孙儒对杨行密更加愤恨，为了彻底解决杨行密，将皖南地区也收入囊中，孙儒决定将淮南地区的所有军队包括将士家属全部驱赶过长江。

为了断绝所有将士回扬州的念头，孙儒对整个扬州城进行纵火焚烧，所有的东西都烧光了，大家就不要想着回扬州了，安心地在江南一带打仗吧！整支蔡州军队连带家属号称五十万之众，声势十分浩大，旌旗相属数百里。沿途之上，路过村镇市集，看到房屋村舍，统统杀光烧光抢光。

孙儒的三光政策除了让自己收获一番唾骂外，似乎并没有起到任何预期效果。当然，唯一的亮点是，此时杨行密的势力在孙儒的威慑下撤出了老巢庐州，只能收缩兵力，死守宣州。杨行密的示弱更助长了孙儒的气焰，他大言不惭地说道："今朝灭掉杨行密，来年北上斩杀朱温，献首长安，还要替皇上除一除身边的奸佞（指宦官集团）。"如果孙儒这番话放在当下社会，那估计是要受到来自四面八方的口水了，这嘲讽一拉等于是和半个天下为敌了。

但是，杨行密的主动示弱并不是坐等一死，相反，在孙儒大军压境之际，他还派遣手下头号战将李神福及四号战将台濛主动出击，于今天南京溧水一带打了孙儒一个措手不及，挫了挫土团白条军的锐气。

可杨行密毕竟兵少，蜷缩在宣州城中，围城日久总是感觉到出路渺茫，这位历经大风大浪的一代霸主此时也萌生了退意，他准备率部撤出宣州，由铜官一带进入江西境内，暂时依附于江西大佬钟传。而作为杨行密麾下的二号战将刘威和三号战将陶雅都竭力反对，他们给出的意见就是：孙儒围城日久，一旦撤离军心浮动，怕是难以逃出生天。而孙儒倾巢而出且远道而来，粮食供给本来就很薄弱，如果能切断其补给线，到时候人多的麻烦就暴露出来了。

刘威和陶雅很有战略眼光，人多有人多的坏处，人少也有人少的好处，如何扬己之长克敌之短，便是决胜关键。当然，断其粮道是个技术活儿，尤其是在敌我悬殊的情况下，更是非战术天才不可执行。而刘威和陶雅虽然在杨行密帐下也算是资历深、有战功，可是仍然有掉链子的情况，比如前不久的黄池之战。

说起黄池之战，我们闲置许久的主人公马殷终于得亮相了，因为和最高统帅孙儒之间差了两个等级，马殷在土团白条军长达六年的南下作战中几乎很少有露脸的机会。而这一次，是他第一次的露脸，也是六年间最耀眼的一次露脸，更是一次很诡异的露脸。唐大顺二年（891），马殷所部与刘威、陶雅所率的三万杨军遭遇，一场混战后马殷击败了刘威和陶雅。

虽然这次战役孙儒一边是马殷领军，但是这次战役并不是见诸多方史料的，《新（旧）五代史》《十国春秋》《资治通鉴》都未提到这次战役（《资治通鉴》中杨行密这边参战将领是刘威和朱延寿）。而且仔细分析起来疑点颇多，首先，刘威和陶雅作为杨行密手下数一数二的战将，两方联手都无法击败马殷？其次，三万人马的战役不算是小数了，何故诸多史料都未收录？再则，这场战争从开始到结束寥寥数语，总让人看得是无头无尾的。

不过我们也不必太过纠结于这次战役马殷究竟有没有参加，因为马殷的重头戏份就在之后不久正式拉开序幕。

回过头来，既然刘威和陶雅无法执行的任务，那就只能让杨军头号战将李神福去执行了，在李神福的操盘下，唐景福元年（892），孙儒大军已经开始出现粮食供给不足的局面了。而龟缩在杭州城的钱镠也趁着孙杨鹬蚌相争之际，再次攻占了苏州。

面对如此窘境，孙儒脑海中只浮现出一个想法：肯定要抢粮啊，不抢没吃的，屯田种粮又不会，也就是三光政策能勉强维持得了战事。对面的杨行密、钱镠个个都是人才，打仗又生猛，超讨厌和他们打游击战了。

而抢粮的光荣任务很快落到了马殷和上司刘建锋头上，这时各家史书都一致记载了这一件事——遣殷与建峰掠食旁县。

历史已经无法告诉我们倘若没有这次分兵，土团白条军的最终命运将会如何，但历史却为我们呈现了这次分兵后刘建锋及马殷的命运如何。

就在刘建锋与马殷外出抢粮之际，杨行密这边却对孙儒发动了总攻，古语有云"一鼓作气，再而衰，三而竭"，此时的孙儒再也没有往日的英武和强悍，杨行密部下安仁义率兵连破孙儒在广德的五十余座军寨，田頵则率兵直冲孙儒的中军大营，当场擒获孙儒，并斩首示众。而这距离刘建锋、马殷奉命外出抢粮不过才一月工夫。

突然发生的惊天巨变让土团白条军内部的各级军官都面临着这样一个问题：路在何方？至此，曾经称雄于东南的秦宗权蔡州军团彻底覆灭，那些将领也如同林鸟一般，大难临头各自飞了。作为孙儒的直接灭亡者，杨行密自然是继承了绝大部分的土团白条军的军事遗产。他将收编来的部卒劲旅精中选精挑出了五千人，并赋予了新的番号——黑云都。这支黑云都除了黑衣黑甲的拉风造型外，战斗力更是剽悍，在日后的南吴建国的过程中，一直是带给四邻恐怖的存在感。而后来南吴权相徐温的上位，也是掌握了这支精兵的必然结果。

在战将方面，杨行密吸纳了原孙儒麾下的柴再用、李厚等人，这些人在杨行密早年起家的"三十六英雄"陆续凋零后逐渐撑起了南吴乃至日后南唐的军事支柱。

而投机取巧的钱镠似乎也不愿放弃这个机会，有样学样地也吸纳了孙儒一些余部加入，他仿照杨行密的黑云都，组建了一支武勇都，兵员也都取自土团白条军的余部。只是钱镠明显学艺不精，吸纳的这支部队非但没让钱镠体验一把耀武扬威的感觉，还反倒差点要了他的性命。而他吸纳的陈璋、王壇、徐绾等孙儒旧将，更是给他造成不小麻烦。其中那位名叫陈璋的将军在十国历史上是一位非常有传奇色彩的将领，关于他的传奇，我们后文再提。

除了投降和被消灭，是否还有第三条路可走？那是肯定的，而刘建锋、马殷等人走的就是第三条路——打不过，跑。但是跑去哪里，这让刘马二人犯了难。

三、江西？湖南？这是一个选择

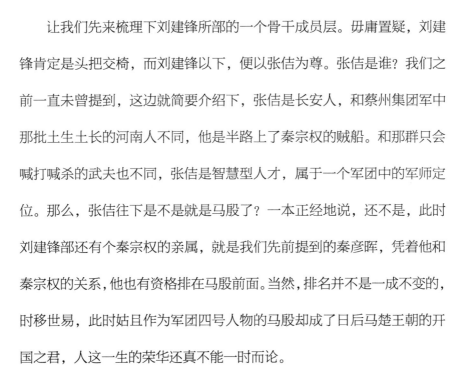

让我们先来梳理下刘建锋所部的一个骨干成员层。毋庸置疑，刘建锋肯定是头把交椅，而刘建锋以下，便以张佶为尊。张佶是谁？我们之前一直未曾提到，这边就简要介绍下，张佶是长安人，和蔡州集团军中那批土生土长的河南人不同，他是半路上了秦宗权的贼船。和那群只会喊打喊杀的武夫也不同，张佶是智慧型人才，属于一个军团中的军师定位。那么，张佶往下是不是就是马殷了？一本正经地说，还不是，此时刘建锋部还有个秦宗权的亲属，就是我们先前提到的秦彦晖，凭着他和秦宗权的关系，他也有资格排在马殷前面。当然，排名并不是一成不变的，时移世易，此时姑且作为军团四号人物的马殷却成了日后马楚王朝的开国之君，人这一生的荣华还真不能一时而论。

刘建锋等人在宣城一带收拢残军，竟然一下子又聚集起了七千多人，如何带领弟兄们走好未来的路，统帅层开始了流亡路线制定。首先，江南是待不住了，因为无论是钱镠还是杨行密，只要他们愿意，此刻的他们可以像碾死一只臭虫一般碾死刘建锋等人。其次，北方的河南老家也回不去了，因为此时那里已是朱温的地盘，就连老东家秦宗权都被朱温给灭了，这支残军再去朱温眼皮子底下讨生活，那就只能是死得要多惨有多惨。

几番盘算之下，那就只能是一路向西，沿着长江而上，去谋取一个未知的前程了。刘建锋所部的第一站便是钟传掌控下的江西。如果此时铺开一张"孙儒之乱"后的中国南部形势图，那么我们会陡然发现，在这军阀林立的版图之上，有三个已经成为了具备省域面积的大军阀（即地盘在今天有一省之大）。这三人中既没有杨行密，也没有钱镠，因为他们暂时还没从江东混战的战争阴霾中走出来；而是三个相对不出名的人物——占据江西的钟传、占据福建的陈岩和占据湖南的周岳。

时任江西观察使的钟传是刘建锋所部首先要面临的一大考验。钟传虽然并不像杨行密、钱镠那般出众，但也是乱世中淬炼出来的一个猛人，他年轻时曾有醉酒打虎的传闻（历史版的武松），还参与过抗击黄巢乱军（似乎出名一些的藩镇将领都和黄巢打过），因而升任抚州刺史。当然，大人物从不屑于寄人篱下，很快钟传便驱逐了自己的上级、江西观察使高茂卿，占据江西治所洪州城，自己成了江西地区说一不二的人物。

关于刘建锋所部在江西的行动，新旧五代史给予了不同的说法：殷随别将刘建峰过江西，连陷洪、鄂、潭、桂等州（《旧五代史》）；殷为先锋，转攻豫章，略虔、吉，有众数万（《新五代史》）。《旧五代史》是说，刘建峰所部攻陷了当时的江西治所洪州。那么问题来了，假如刘建峰所部真的打下了洪州，那城内的钟传岂不是成了他们的阶下囚？事实上我们翻看钟传的史料，并未提及如此。而《新五代史》的内容则告诉我们，刘建峰所部在江西境内只是虚晃一枪，在豫章打了一仗后，便向偏远的江西南部、西南部的虔州、吉州掳掠了，当然，在这过程中又补充兵员达数万。

两相对比之下，《新五代史》的逻辑似乎更为顺理成章，试想如果连洪州都攻破了，又怎么会放跑了钟传，即使说钟传侥幸逃出，那也足可见刘建峰所部的实力是可以和钟传一战的，那后来又何必继续西行，进入湖南？事实恰恰是刘建峰所部自知不敌钟传，只能向江西兵力薄弱的地区攻略，也趁机扩充兵马。

唐景福二年（893），属于刘建峰所部的契机又来临了。似乎土团白条军的人物对于战机和时局敏感度都很高，孙儒如此，刘建峰亦如此。这一年中，上文提到的南方三位具备省域面积的大军阀有两位相继出事了。福建观察使陈岩病故，这给了外来户王氏兄弟机会，在与陈岩继承者范晖的角逐中，王潮、王审知兄弟日益胜出，十国之一的闽国已然呼之欲出。而与江西毗邻的湖南地区，一把手周岳也被手下邓处讷所杀，湖南地区军政大权暂时落入邓处讷手中。

陈岩之死给了外来户王氏兄弟机会，那么谁又敢说周岳之死不是给予同样身为外来户的刘建锋所部机会呢？于是，刘建锋所部再次制定战略方针：放弃在江西与钟传相争，趁着邓处讷立足未稳，一举从他手中拿下湖南大地。

唐乾宁元年（894），刘建锋所部进入湖南，先头部队到达潭州醴陵。在开讲他们在湖南的开拓史之前，我们不妨先古今对照，看看当时的湖南和现今的湖南有何差异。今天的湖南省是13个地级市外加一个民族自治州。但彼时的湖南可不是这样，从历史的长河来看，湖南作为一个区域区划成型较晚，自春秋时代开始，一直与湖北绑定，属于楚国。第一次湖南湖北拆分是西汉时期吴芮所建的长沙国，但吴氏长沙国存在时间短，且郡县制下暂无所谓区划概念，故湖南的第一次版图奠定并不能追溯到长沙国时代。

真正奠定现代意义湖南的最初框架大致要追溯到东晋时期，当时统治者考虑到长江中游的荆州（大致今天的湖南湖北）地理位置险要，经常会造成对下游扬州地区的威慑，所以从原有的荆州里分出一大部分设立湘州，至此，湖南湖北正式分家。

唐朝末年，由于各个地方节度使林立，原本设立的各道已经无法作为一个有效的行政区划了，所以在经过一系列火拼和洗牌后，在刘建锋等人进入湖南大地前，湖南地区形成了以潭、邵、衡、永、道、郴、连七州为基础的一个政治区划，武安军节度使统御七州，而这个节度使之

前是周岳，现在成了邓处讷。而这七州又包括今天哪些地区呢？我们
一一来看：

潭州，大致等于今天湖南省的长沙和湘潭两市，在当时是武安军节
度使的治所所在地，属于湖南的中心。

邵州，大致等于今天湖南省的邵阳市和娄底市，与潭州毗邻，属于
湖南西南一带。

衡州，今天湖南省的衡阳市，在当时属于湖南地区相对落后的地区，
当时衡阳三宝：穷山、恶水和刁民。所以宋人词曰："衡阳雁去无留意。"

永州，今天的湖南永州市，风景优美，是个当时文化人采风的胜地，
柳宗元在此留下《永州八记》。

道州，也是在今天湖南永州市境内，即今天的道县，在当时属于瑶
族自治州，瑶族是该片区的土皇帝，汉人要是去了那不守规矩，下场可
是很惨的。

郴州，今天的湖南郴州，这个没什么好说的，在当时也没什么存在感，
也就和衡州差不多，苏轼基友秦观秦少游曾留下一首《踏莎行郴州旅舍》，
其中便有一句"郴江幸自绕郴山，为谁流下潇湘去"，写得也是蛮凄凉的。

连州，今天广东的连州市，处于广东和湖南两省的衔接部位，除此
之外没啥好讲，古代事迹不显，现代名人全无。

古今对比之下，我们会发觉，今天的湖南和当时的湖南对比之下多
了北部一片，包括今天岳阳市、张家界市、常德市；西边一片的湘西自

治州及怀化市当时也是不属于湖南的。但是古代湖南却多了一个广东的连州，如果两相比较之下，可能古代湖南面积大致只到今天湖南的三分之二，而今天湖南北部及西部的大片地区得以并入湖南，这不得不说是马楚王朝的历史贡献，既是对湖南一省的贡献，也是对于整个中华发展史的贡献。

回过头来，介绍完了一个当时的湖南概况，就来接着看看刘建锋所部是如何操盘，一步步吃下这块"大蛋糕"的吧。

我之前也曾说过，在刘建锋所部西进进入湖南的时候，邓处讷也才刚刚干掉前任领导周岳不久，底下的各个山头还未来得及拜会，只能勉强挂着武安军节度使的名头，手里所能直接控制的也不过就是潭州以及他之前所在的邵州。在听闻刘建锋所部已经到达湖南境内的消息后，邓处讷火速作出应对举措，命邵州指挥使蒋勋、邓继崇率兵三千，扼守潭州的咽喉要塞龙回关。

龙回关，大致是在今天长沙县一带，今天在那地方有个长沙县地标性的建筑群——世界之窗。而在一千多年前的唐末，这个地方还是相对荒凉的，连绵不绝的群山中过道非常狭窄，仅能步行通过，车辆辎重根本无法跟上。

按理说凭借这番险要，三千人马足以拒守刘建锋所部数万之众了。但是，邓处讷似乎还是有点预判失误，说白了就是所托非人。蒋勋这个人是邓处讷从邵州带出来的不假，但是平日里并非对老邓有多么忠诚，属于有奶就是娘的那种。

所以在驻扎龙回关后，蒋勋做了一个莫名其妙的举措，他竟然派人去刘建锋军中送上美酒牛羊，礼劝刘建锋等人撤出湖南。而当时任先锋的马殷也从蒋勋的这一举动中嗅出一点味道：敌人来了拿猎枪，朋友来了送佳酿，小蒋这么做是想交个朋友的意思？既然如此，那就有的谈啊。

于是，作为礼尚往来的礼节性回访，很快马殷这边的使者也到了蒋勋军中，使者给蒋勋上了一课：乱世当中给谁打工不是打呢？咱这有十几万大军（有点虚夸），你才三千，纵使龙回关险要，但我们若非要入关，你不得拼个玉石俱焚？我们的首领刘建锋是天选之子，术士曾预言他将会在湖南建国，违抗天意而行，是要付出代价的。

蒋勋原本是想和平劝退刘建锋等人的，但没想到对方入关的意志如此坚决，甚至不惜多死点人。这么一来事情就尴尬了，土团白条军在淮南的业绩他也是有所耳闻的，只要他们想做的事，哪怕血流成河也得做，而邓处讷平日里对自己的关照似乎不足以让自己真的不顾性命去完成任务。所以，稍一思考后，蒋勋便遣散了手下，开了大门迎接刘建锋大军了。

兵不血刃地拿下龙回关，马殷在军中的地位也一下子从老四提升到了老三，仅次于刘建锋和张佶了。而这个时候，张佶也给刘建锋出了个计策：蒋勋遣散士兵之际留下了不少武安军军服和旗帜，不妨让我们的人马换上装束，星夜兼程前往潭州，趁着龙回关失陷的消息还没传回长沙前火速拿下此城。

四、湘楚大地的王者

就像张佶预判的那样，此时的邓处讷确实还蒙在鼓里，依旧醉生梦死地在长沙城内宴饮。最终，在马殷大军入城后，邓处讷被擒拿并当场斩杀，刘建锋成了新一任的武安军节度使。

唐乾宁二年（895），刘建锋等人正式受到了唐王朝的册封，从秦宗权余党正式洗白成为唐王朝体制内的在编人员。而马殷也受到刘建锋的格外器重，被任命为内外马步军都指挥使，成了武安军的直接领导，而我们也可以正儿八经地用武安军这一番号来称呼刘建锋和马殷所部了。

"幸福来得太突然不易被珍惜"，这句话似乎是颠扑不破的至理名言。久贫乍富的刘建锋在摇身一变成了武安军节度使后，也放不对自己的位置了，他丝毫没有意识到权力背后隐藏的危险。

此时的刘建锋开始发现了人生的新乐趣，不是开疆拓土，不是为民造福，而是玩女人，尤其是有男人的人妻、少妇。这一点，刘建锋真的可以和几百年前的曹孟德一起交流下心得体会了，可惜曹操已经入土，刘建锋无法聆听教诲了，不过也不必感伤，因为刘建锋很快就去地下向曹操取经了。

曹操玩人妻引发了一场宛城之变，折了长子曹昂和爱将典韦，自己也差点死在宛城；而刘建锋的运气就没这么好了，他付出了自己宝贵的生命。这段时间刘建锋开始迷恋上下属陈瞻的妻子，但这种痴迷还不仅仅是想占为己有这么简单。这种痴迷用今天的话来说，有些变态，他喜欢在公开场合与陈妻上演一出出活春宫，而陈瞻还必须在一旁观礼。平白无故地给陈瞻戴上一顶顶绿帽子后，刘建锋还对这位下属不拉拢、不打压、不解释。

陈瞻是个正常男人，头顶的青青草原愈演愈烈能没点感受？何况，这已经不只是给他戴绿帽这么简单了，每次观礼更是对他人格的践踏。就像当下某位明星在网上发言斥责黑他的网民时所说：恶搞我可以，娱乐经济嘛，都懂。但是，你别@，你@我就别怪我怼你。

同样，我们的陈瞻同志也是这么想的：抢占女人，可以，你有权有势再者也是男欢女爱；可你别让我观礼啊，你让我观礼就别怪我弄死你！

唐乾宁三年（896）四月，也就是在刘建锋被正式任命为武安军节度使一年后，一场飞来横祸降临到了刘建锋头上。陈瞻这一天不知何故饮了不少酒，跌跌撞撞地就朝着刘建锋节度使府走去，而这一天节度使府的守备竟也不知何故，出奇地松懈，居然让陈瞻摸进了刘建锋的卧室。

此时的刘建锋还正巧在床上做着他的"正事"，陈瞻的突然闯入似乎也没影响到他的正常发挥，毕竟以前经常性让他观礼了。可是这一次陈瞻却与往常不同，他迅速从袖中掏出一柄早已磨好的铁锥，刺向了刘建锋的咽喉，一代枭雄就此殒命。

很快，闻讯赶来的刘建锋手下将陈瞻捆绑拿下，等候处理。但是，眼下刘建锋已死，武安军节度使的位置一下子成了空缺，谁当立者，成了武安军内部各个成员迫切需要解决的事情。

筛选下有资格接替刘建锋位置的，全军上下也不过是张佶、马殷二人，可不巧的是，两人此刻都不在长沙城内。先来说马殷，此时的马殷正在邵州平叛。说起邵州的叛乱，我们又得回到之前提到的蒋勋。

先前他让出龙回关，这对于刘建锋入主湖南可谓是大功一件，不过刘建锋把这功劳都记在自己人马殷头上了。原本蒋勋的想法是想让刘建锋将邵州刺史这一职位让给自己，哪承想刘建锋压根就没把蒋勋当自己人，断然拒绝了他这一要求。

蒋勋一怒之下便找来以前的副手邓继崇发动叛乱，占据邵州，自封为邵州刺史，并率兵攻打湘乡。此次叛乱，蒋勋还请来了飞山、梅山的少数民族助阵，场面颇有些壮观。之前就说了，邓处讷虽然名义上是武安军节度使，但由于上位时间太短，手里所能控制的只有潭州和邵州。刘建锋取代他后，大体环境差不多，如今邵州叛乱，等于半壁江山岌岌可危。

唐乾宁三年（896）正月，马殷被任命为平叛统帅，率兵讨伐蒋勋。此时刘建锋遇刺消息传来，马殷还正在处理平叛的收尾工作。

而张佶此刻在潭州乡下搞建设，得知刘建锋遇刺后，火速整顿部下，骑马朝着长沙城进发，似乎已经看到自己坐上武安军节度使的宝座了。

但是乐极生悲，在行军途中，张佶的坐骑莫名受惊，将张佶摔下马来，导致左侧大腿受伤。

这一摔将张佶的愉悦心情一下子摔没了，也是这一摔将张佶一下子摔醒了。有谋略的人思虑的往往多一些，倒在地上的张佶突然感慨道："塞翁失马，焉知非福。我张佶伤髀，焉知非幸？湘楚之主的位置看着风光，其实也是凶险异常，稍有不慎刘建锋岂不是前车之鉴？倒不如依旧做了老二逍遥自在，还能保住一生富贵。"

片刻思虑之下，张佶便做出了一生中最重要的决定，他拒绝了老部下的劝进，而是说道："马公勇而有谋，宽厚乐善，吾所不及，真乃主也。"意思就是让大家跟着马殷好好干，他才是刘建锋之后真正有资格当武安军节度使的人。

说实话，对于底下的人来说，谁当老大对自己还真不是特别重要，反正选不到自己，谁当不是当呢？既然张佶决定让给马殷，那就让马殷来当咯。大家在把陈瞻活祭刘建锋之后便火速派人去邵州，让马殷前来长沙主政。

此次来邵州邀请马殷回返的人叫姚彦章，或许此时他名声不显，但在以后马楚王朝的历史上，他将无比耀眼。在得知了姚彦章的来意后，马殷似乎并未表现出格外的喜悦，也许从马殷内心深处的品格来说，他就只想当个好部下，听上头的吩咐做好自己的事。让自己一下子成为老大，给底下人安排得妥妥帖帖，他倒反而有些发虚了。这种谦卑的性格对于以后马殷的霸业也好也不好，好的是他至少不会像刘建锋那种胡搞，把自己性命搞没了。不好的是，这对于马楚国策的制定是一个阻碍，奉中原政权为主，不论汉人抑或是沙陀人的政权，都是马殷一生难以抹去的败笔。

马殷一语不发，姚彦章却急得跳脚，他甚至不顾会开罪张佶的风险，豪言说道："您和刘建锋、张佶原本就是平起平坐的，现在刘建锋死了，张佶也摔伤了左腿，这一切都是天意。放眼军中，当下除了你能出来主持大局，还有谁有资格呢？"（公与刘龙骧、张司马，一体人也，今龙骧遇祸，司马伤髀，天命人望，舍公尚谁属哉！）

姚彦章的一番话后，马殷便接受邀请，将邵州军务大事交托给了部下李琼，自己率领一部分人马回长沙去了。《新（旧）五代史》和《资治通鉴》《十国春秋》都是这般记叙的，但是宋人写的《三楚新录》却记载了这么一则故事：

说马殷夜宿军营，对前程仍是十分担忧，迷迷糊糊中看到有一黑衣人手执大棒，对着马殷说了一句"军国内外平安"，然后消失不见了。马殷醒来后认为这是上天给予的征兆，非常开心，高高兴兴地上任了。《三楚新录》是一本野史，主要记载了荆南（南平）、马楚以及后马楚时期的武平政权，里面有许多莫名其妙的历史错误，比如刘建锋成了何某人，张佶并未出现过，刘建锋死后武安军内部互相残杀，等等，这些东西让人看了感觉像是看同人小说一般，并不严谨，但考虑到十国内容本就单薄，在此也就摘录一些个人感觉靠谱点的内容。

当马殷及姚彦章到达长沙城内军府时，各级将领及张佶都已经在那恭候多时了。此时的马殷做了一个举动，他给因受伤而乘坐肩舆的张佶行了跪拜礼。马殷的这一举措让很多人都有些惊愕，张佶连忙让人将马殷扶上节度使帅座，自己率领各级将校叩首回拜了马殷。其实，马殷大可不必做那么一个小动作，然而出于敬意他还是先行跪拜了张佶，因为他知道，这个位置并非自己真众望所归，更多的还是张佶让给自己的。

他也想让张佶明白，无论何时，自己心中都会保留着这一丝敬意，马殷的举措也安抚了张佶有些忐忑的内心，他明白，自己终于遇上英主了，君臣和睦才是一个王朝得以建立的基石。马楚王朝的起始点不在土团白条军，不在入主湖南后，而在这一拜；正是这一拜让马殷走出了一条有别于邓处讷、有别于刘建锋的武安军节度使之路，马楚王朝由此奠基。

当上武安军节度使后的马殷立刻表现出与刘建锋截然不同的一面，他一方面积极示好唐朝中央政府，一方面又加强潭、邵两州的军务，像极了一个乱世政权的领导人。

唐乾宁三年（896）九月，唐朝政府的任命书下来了，与刘建锋大为不同的是，这次唐朝授予马殷的官职不过是潭州刺史、判湖南军府事，对比刘建锋朝廷正式任命的武安军节度使差得不是一星半点。也许在唐昭宗眼中，这个马殷可能也是第二个刘建锋，蹦跶不了多久就会被其他人干掉。

马殷也深知，乱世当中实力说了算，既然自己没有拿到武安军节度使这一任命，那就用武力来扫平湖南七州，做真正意义上的湘楚之主。所以，马殷火线任命张佶为行军司马，领军前往邵州支援李琼，配合李琼解决掉本该解决的蒋勋事件。乾宁四年（897）二月，邵州战事结束，马殷正式掌握了潭、邵二州。名副其实也确实应验在了马殷身上，在巩固了两州内务后，唐王朝的正式任命也下来了。光化元年（898）三月，马殷被正式任命为湖南武安军节度使。有了朝廷的认可，马殷也正式下达了对湖南地区其他五州的进攻命令。

此时的另外五州是怎样一种情况呢？衡州的杨师远及永州的唐行旻都是不入流的二线军阀。郴州的掌权者陈彦谦也是在不久前杀掉老大上位的反骨仔，对地方把控力并不是很足。值得一说的是，同时期的南吴国也有个叫陈彦谦的，可是彼陈彦谦要比这位出众许多。

道州原本就是少数民族聚居区，此刻道州刺史蔡结也是一位地地道道的少数民族（今天的瑶族）酋长。另外要说明的是，这个蔡结是反政府的，曾公开支持过黄巢入境，将推翻唐王朝视为毕生追求的政治目标。而最后一个在今广东境内的连州，其首领直接就是黄巢余部鲁景仁，当时黄巢扫荡岭南之际，鲁景仁因感染疫疾便领了一千余人在连州留守，结果很幸运，黄巢在北方被灭了，他却在岭南当起了土皇帝。

光化元年（898）五月，也就是马殷在接受唐朝政府正式任命后的两个月，部下姚彦章主动请缨，要求与李琼一道奉命清扫那剩下五州，统一整个湖南地区。姚彦章和李琼我们之前都已经提过，尤其是李琼，为马殷扫平邵州立下了不少战功。于是，马殷任命李琼及秦彦晖为岭北七州游奕使、南征军主帅，李唐、张图英为副帅，南下讨平五州。

秦彦晖是目前武安军中仅存的与老东家秦宗权有血缘关系的亲属了，在入湖南之前，他还排在马殷之前，如今时移世易，出于顾及老同僚的面子，马殷还是热衷于给他一些功劳去捞取的。

五、战后再战，岭南之南

秦彦晖和李琼领兵出征了，那么，这五州当中选谁作为第一打击对象呢？经过一番思索，穷山恶水刁民的衡州成了武安军南下第一站，衡州刺史杨师远很快就被斩杀，衡州光复。紧接着，武安军没有选择顺道攻打郴州，而是往西折了一下，攻打永州的唐世旻，原因我上文也说了，老唐和杨师远一样，是个不入流的军阀。这一次，秦彦晖和李琼只是派出副手李唐便将永州拿下了。一月之间连下两州，武安军的威名算是着实恫吓住了剩下仨地头蛇。作为奖赏，马殷立刻委任李唐为新的永州刺史，负责该地区的战后维稳工作。

但是，这时候的马殷并没有选择趁热打铁，而是花了一年多时间消化刚刚拿下的两州，直到来年（899）七月，才下达了继续出击的命令。这一年多的时间固然有利于马殷巩固战果，但同时也给予了剩下三州充足的准备机会，这一次出兵，秦彦晖和李琼碰了个钉子。

这次的目标是道州的蔡结，前面我们说了，蔡结是瑶族人，还是个坚定的反唐主义者，论决心和战斗意志，那可比之前那两位要强硬得多。这一次，他居然跳出惯性思维，主动出击，于半道伏击了武安军的先锋李唐所部。

虽然蔡结有那么点谋略，可由于瑶族兵的战斗力还是差那么点，原本的伏击战居然让李唐给跑了。李唐这个人作战勇猛的同时还作风狠辣，这次被蔡结摆了一道，无疑是助长了他内心的杀心；诸葛亮火烧藤甲兵的传说他也许有所耳闻，怒气值爆满的李唐对蔡结采取了零容忍，用上了冷兵器时代最果决的方式：火油烧杀！

西南地区由于开发得晚，所以很多山头都是藤蔓缠绕，这火一旦烧起来，那可就很难灭下去了。漫山遍野的山火将蔡结手下烧死了大半，剩余部分逃出来的也遇上了早已等候多时的李唐，瑶族英雄、曾经的道州霸主蔡结就此死于李唐刀下。说来也是讽刺，蔡结一生以反唐为目标，结果反倒被一个叫李唐的人灭了，冥冥之中自有天意啊。不过值得一说的是，蔡结在瑶族人心目中地位还是蛮高的，现在永州一带都有瑶族自发为其建的庙。就像是广西德天寺供奉的侬志高一样，也许站在唐王朝的立场上看，他们是国家的分裂分子，可于他们本族人心目中，却是民族的英雄。

回过头来，道州收复后另外两州于武安军不过是顺手牵羊的事情了。光化二年（899）十一月，郴州城破，陈彦谦被杀。而后，李琼兵入连州，鲁景仁自焚身亡。经过长达一年半的南征，湖南七州悉数归于马殷手中，这个武安军节度使终于当得名副其实了。

可是水涨船高，当马殷还在流窜的时候，他心中的梦想不过是找个栖身之地；当马殷坐上武安军节度使的宝座时，他想要的就是湖南七州的臣服；而当他达到如今的成就时，他所考虑的就是湖南以外的土地了。

扩张无外乎东南西北四个方向，东面的是占据江西的钟传，这个人的本事早在刘建锋时代就已经领教过了，如果能打得过他也不至于流落到湖南。西边此时被类似于蔡结一般的蛮族所占据，虽然不成气候但讨伐回报比却很低，属于"鸡肋"地区，食之无味弃之可惜。那就只能往南北两个方向去动动脑筋了，相比南下，马殷更倾向于北上，因为北边就是古代荆州一带，是文化经济政治的核心区之一。把势力深入到北边，这无疑可以将马殷的霸业夯实，成为一个类似于春秋时期楚国一般睥睨南方的政权。

而此时湖北地区的局势也是一团乱麻，为三人所瓜分——荆南节度使成汭、武贞节度使雷满及武昌军节度使杜洪。其中成汭占据今天湖北中部和北部，雷满占据湖北西部及今天湖南常德、张家界两市，而杜洪占据湖北东部及今天的湖南岳阳市。

别看这仨人的地盘相对马殷来说要小很多，可土地产出比要比马殷高很多，粮食、人口、军队的比重都远比马殷那些郴州、永州、衡州等穷乡僻壤要高出许多。但好在这三人平日里关系一点都不好，如果攻打其中一人，其余二人非但不会帮忙，还会趁火打劫一把。

经过一番评估，马殷把目标锁定在了最弱的杜洪身上。杜洪这个人可以说是生不逢时，他倘若能晚生二十年必然不用在这刀尖上讨生活，相反会活得很滋润。因为杜洪是伶人出身，而后来的后唐庄宗李存勖恰恰就喜欢伶人。只是天地不仁以万物为刍狗，本该作为木匠的马殷和本该成为伶官的杜洪不得不拿起刀剑，在这乱世之中讨生活。

有时候往往一个并不关联的事情，可以影响一整套正在运行的流程，马殷和杜洪恰恰如此。就在马殷磨刀霍霍准备北上吞并岳、鄂两州，消灭杜洪的时候，却传来一个消息：杜洪投靠朱温了。朱温何许人也？秦宗权之后他便是中原的"一哥"，而且此刻大有杀入关中，把持朝政的态势。马殷虽然现在坐稳了湖南老大的位置，但一想到老东家秦宗权便是死在此人手中，心中还是有些胆寒的，只得放弃了这个计划。

既然北进暂时时机不成熟，那就南下吧，说不定能有意外收获呢？拿下连州后，马殷的势力已经渗入岭南地区，那么无论是今天的广东还是广西，都是马殷可以开疆的理想对象。相对于广东地区，广西地区的局势较为复杂，大大小小军阀犬牙交错地分割着这块地皮。而与连州毗邻的便是今天桂林、柳州一带，当时属于桂管观察使的辖区。

今天的广西地区，形成了南北两个经济圈，北边的便是桂林、柳州一带，南边的则是钦州、北海、防城港一带。但是在一千多年前的唐末，广西的经济重心却只有北边这一块，所以拿下桂管观察使便等同于坐稳了广西老大的宝座。

四年前，一伙湖北的流寇误打误撞来到了这桂州之地，他们鸠占鹊巢杀死观察使后自己做了首领，现在的桂管观察使叫刘士政。初听之下感觉就是马殷奋斗史的翻版，只不过格局和功业要小很多。

也许是出于惺惺相惜的情感，马殷这次选择了劝导性的攻略，希望刘士政能主动归降，加入到武安军节度使的麾下。但是由于古代消息传递得较为滞后，当马殷使者到达的时候，刘士政已经是被朝廷正式任命的静江军节度使了，管辖广西下面九州之地，地盘比马殷还大了一些。鸟枪换炮的刘士政自然牛气哄哄地拒绝道：归降是不可能的，这辈子都不可能归降的，唐朝廷又隔着这么远，也就是做个静江节度使能勉强过过土皇帝的瘾。你马殷也是个人才，说话又好听，我超喜欢和你平起平坐诶！

刘士政的这番回复让马殷肺差点气炸：我是想让你做小弟的，不是要和你做兄弟的。如果你不给自己找对位置，那么，我就只能在坟头堆里给你找个位置了。谈判破裂，兵戎相见，作为上一回南征军的主帅，秦彦晖和李琼再次承担了这一次任务。

但是这次任务难度和上回的还有些不同，由于广东广西被南岭阻隔，这道天险无意增加了出兵难度。有人也许会说，不是已经拿下连州了嘛，连州在广东境内啊，从广东境内迂回去进攻桂林，岂不是方便很多？

也许这是一个主意，但要知道，广东广西还有广信山作为分界，而且，从广东境内迂回万一遇上广东本土军阀，引发不必要的摩擦，那可保不准是赔了夫人又折兵了。不管当时马殷考虑的因素是什么，最终他还是选择了从正面突破，越过五岭，杀入岭南，而阻挡在武安军面前的便是全义岭。

为了阻挡武安军南下，刘士政把宝全押在了这个天险上，除了委派副手陈可璠屯兵全义岭外，他还安排了王建城驻守秦城，与陈互为掎角之势。假如说当初湖南的龙回关是索姆河的铁丝战壕网，那么这次全义岭不亚于马其诺防线，只要刘士政的静江军防守得当，秦彦晖和李琼带来的人马可能会全折在这。

李琼经过一番思索便建议秦彦晖还是想想办法，尽量迂回到全义岭后方，拔除秦城后直扑刘士政所在的桂州。这种"蛙跳"战术操作起来难度很大，但一旦操作成功了，回报也会很大，秦李二人打定主意，准备放手一搏。

就在武安军统帅部高层意见达成一致时，一份大礼从天而降，原来陈可璠驻军期间干了一件当初十六国时期前燕太傅慕容评封山占水的傻事来。他为了满足一己私欲，派兵掳掠全义岭周边的百姓，算是把官军形象都给丢尽了。于是，愤恨难平的群众自发前来申请做向导，要给武安军做带路党，绕小路穿过全义岭。这可真是一件"瞌睡送枕头"的大好事啊，秦李二人为免夜长梦多，当即便组建了一支数百人的突袭队，由李琼率领，在当地百姓引导下摸黑绕过了全义岭，一举拿下秦城，活捉了守将王建城。

此时的陈可璠全然不知秦城失陷的消息，当李琼的数百勇士从自己后方杀上山来时还是一脸蒙。尤其是当陈可璠手下看到李琼军中的王建城时，更惊恐万分，因为王建城出现在这，那说明只有一个可能：秦城已经陷落了，自己都被包围了！

为了造成敌军更大的恐慌，李琼更是手起刀落，当众斩杀了王建城。那颗王建城的人头仿佛是压垮骆驼的最后一根稻草，心理防线全面崩溃的全义岭士兵一下子乱作一团，四散奔逃。

而李琼便发出信号，岭外秦彦晖所部也一齐发起进攻，两相夹击之下，陈可璠死于军中，而俘获的静江军两千余名将士也未落得好下场。因为沉寂已久的食人魔军团又复苏了，李琼体内流淌的疯狂血液让他必须用这些人的人头来震慑岭南的敌人，两千余降兵悉数被坑杀，无一活口。

拿下了秦城和全义岭，武安军马不停蹄地便杀向了桂州，因为他们要赶在刘士政做出任何反应之前攻破这座城，将损失降低到最小。史书记载秦城到桂州之间的二十余城望风而降，虽然有部分夸张性，但刘士政此刻兵力的空虚和秦李两人的兵贵神速也足可验证。

刘士政和马殷称兄道弟的梦想此刻算是彻底破灭了，他没有选择据城死战，也没有选择自焚身亡，而是选择了出城投降，让人感慨他无能的同时又增添了一抹无耻。武安军也随即开始扩大战果，将桂州毗邻的宣、严、柳、象等四州也悉数拿下，静江军九州之地马殷已占其五。

由于这次突破全义岭中李琼表现异常出色，几乎扭转了整个桂北战局，所以马殷将李琼破格提拔为桂州刺史、桂管观察使，并上表唐朝请求册封其为静江军节度使。如此一来，等于是马殷让李琼和自己一字平肩了，此次开疆所得的新附地都划归了李琼管辖。

六、高马"隆中对"

奇书《三楚新录》中关于马殷的部分，第一次岭南会战还被拿来大书特书，但关于这场战争起因却说是因为岭南的一位土豪所建议而发动的，而里面李琼也被化名为李勋，考虑到这本奇书历史常识方面错误很多，在这就没有采纳相关说法了。

不过，李琼能在这本奇书中占据不小篇幅，足可见他以及这场战争给马殷带来的丰厚回报了；而之所以将这次战争称为第一次岭南会战，是因为在往后的日子里，马殷还将就这块地区和新兴的岭南霸主爆发新一轮的战争。

回过头来，文武是王者的双翼，既然武方面有李琼和秦彦晖的辅弼，那么文呢？按理说张佶是个不错的人选，可惜马殷却并不打算重用这位老大哥，就像现代的大公司内部管理一样，元老是拿来尊敬和装点门面的，真正一把手却不会将他纳入核心决策层。当马殷将张佶从文官调任武职的时候，他心底已是暗自给张佶找好定位了。

那么，不用张佶，又该用谁呢？其实马殷心里早有合适人选，这个人叫高郁，是扬州人，八成是在土团白条军肆虐江淮之际投身过来的。可惜孙儒眼中，张佶才是军中唯一的军师，所以高郁注定被埋没，可在马殷眼中，高郁确是自己值得信赖的参谋。十国乱世中大人物都有一个或两个贴心的谋士，譬如严可求之于徐温、宋齐丘之于徐知诰，而马殷选择了高郁。

为何选中高郁？其实原因也很简单，因为高郁为马殷解决了一个最核心的问题：路线问题。对于乱世中的枭雄来说，路线问题自古便是大问题，一步走错，满盘皆输，所以走对路很重要。而高郁给马殷上了一堂他自己的"隆中对"，这套对策被马殷引为国策，直至他死后，他的几个儿子也如实地奉行。这对策是错是对我们已无法评判，不如就从那次谈话内容来看看吧。

那是马殷刚刚坐稳武安军节度使位置后的一天，处理完军务后的他再次喊来了高郁。高郁看着马殷案头摆放的厚礼，笑着问道："将军是要和谁结好？"

马殷直起身子，拍了拍这些礼物的包装，笑着说道："君不妨一猜，看看能否言中。"

高郁捋了捋胡须，说道："东面盘着一条龙，这条龙曾经险些灭了我们。北边卧着一头虎，有这虎在侧，我们睡不安稳。所以，如果我没猜错，这些厚礼不是送给淮南节度使杨行密的，便是送与荆南节度使成汭的。"

马殷连忙拍掌笑道："说得不错，那你再来说说，我若想在乱世立足，又是否该与他二人结交呢？"

高郁摇了摇头，说道："方今天下相争，朱温据北，克秦宗权、李茂贞、李克用之流，挟天子以令诸侯，此诚不可与之争锋。吴越钱镠，闽越王潮，此二人皆看门守户之徒，可引为援。荆南节度使成汭短视、镇南节度使钟传少谋，此二人皆一时之雄也，终必为他人所吞。江东杨行密、岭南刘氏父子、蜀中王建，此皆当世之豪杰，若与我等并存于世，恐终将互相攻杀矣。"

马殷起身说道："那依你之见，我该？"

高郁拱手道："上尊天子，下安百姓，外结朱温，厉兵秣马以待时机，他日天下有变，则可挥军北上，若无事，亦可称王称霸。"

马殷踱步走到窗前，打开窗户看着即将落山的太阳说道："都说日薄西山，李唐王朝快三百年了，天晓得它又能再支撑几天呢？"

高郁却说道："王朝更迭是常数，可终究要有执天下牛耳者，一旦有变，那挟天子者说不定就成了真天子了。总不至于真如黄巢所想的那般，无法无天，无君无臣？"

马殷点了点头，又若有所思地说道："我少读书，此刻却也想起了一句话。"

高郁反问："什么话？"

马殷叉腰说道："时日曷丧，予及汝偕亡！"而后笑着回过头看向高郁，高郁则也会心一笑。

这一次的高马会谈为马殷解决了目前所困惑的路线问题，自此以后，"称臣中原，保境安民"成了后来马楚历代国君所遵从的基本国策，直到它的灭亡。然而，这个国策是对是错，我们已经无法评判了，但从当时的情况来看，高郁无疑是给马殷指出了一条最切实际的道路；而那些被他审视过的对手，也在今后的历史中，按照预定的轨迹有条不紊地发展下去。

在和高郁的这次"隆中对"结束后，马殷一股脑地向南开疆千里，甚至越过岭南消灭了静江军。可就当马殷本可再接再厉，一举拿下静江军所辖的剩余四州时，北方的局势再次显现波澜。

如高郁所料，在这期间唐朝政府又发生了一次动荡，这次动荡让原本就傲视中原的朱温趁机杀入关中，掌天下之权柄，真正做到了挟天子以令诸侯。而残余的宦官势力并不甘心就此被朱温彻底清除，天复元年（901）十月，韩全诲等宦官劫持唐昭宗李晔，投靠凤翔节度使李茂贞！

这个李茂贞可以说是当时北方最强的三股军阀势力之一（另外两股是代北沙陀族的李克用以及中原霸主朱温），宦官们的这一举动等于让朱温和李茂贞这两强提前打了一场生死决战。

然而，李茂贞的老巢凤翔曾经被另一位大佬李克用围攻过，而他自己的实力也在那次围城战中损耗颇大，至今还未恢复。此番朱温又再一次采取了围城打法，势要夺回皇帝，当然，有可能的话灭掉李茂贞也是个不错的收获。

围城战一直持续到了天复三年（903）正月，经过这一年多的僵持，李茂贞和朱温双方都难以支撑下去了，最后双方达成共识：李茂贞将以罪魁祸首韩全诲为首的二十多名宦官一并诛杀并交出皇帝，朱温则解围撤兵。

朱温撤兵回长安后，做了一件极为血腥的事，但从大局上看又不得不说是一件善政。他下令将朝廷内的宦官一律诛杀，自此，从安史之乱起困扰了唐王朝百余年的宦官专政局面随着这些宦官肉体的消亡而彻底消失。即使后来的五代时期，除了后唐李存勖在位期间宦官集团稍有些冒头外，其余时期地位都相当低下。

可是，朱温虽能解决掉宦官专政的毒瘤，却无法根除唐王朝的另一毒瘤——藩镇割据，甚至直到他的王朝，也依然未能解决这一问题。

朱温诛杀宦官的这一举措也许让其他各位军阀不好说些什么，但他长期围殴李茂贞的这一行为却引发了一批军阀的强烈反对。而这些反对者无外乎两种人：要么是李茂贞的朋友，要么就是朱温的敌人。荆南节度使成汭属于前者，而淮南节度使杨行密属于后者，恰巧这两位还都和马殷挨着，所以转瞬之间马殷北部边境线的局势一下子紧张起来了。

这个时候我们再来回顾一下马殷北边的几个邻居。此时的湖北大地上有这样三个大军阀，由西往东首先是武贞节度使雷彦威，这个雷彦威便是之前提到的雷满的儿子，而雷满已经在两年前，即马殷南下扫平境内和朱温入关秉政的那年就去世了。其次便是大名鼎鼎的荆南节度使成汭，最东面的便是武昌军节度使杜洪。

有人这时就奇怪了：马殷北边不是这三位吗？那么，上面提到的杨行密又是如何和马殷接壤呢？事实上，湖北这三位大佬之一的武昌军节度使杜洪此刻已经一只脚踏进鬼门关了。

天复三年（903）正月，杨行密派遣手下头号猛将李神福为主将，舒州团练使刘存为副将，率领水陆一万多军队，攻击驻守鄂州的武昌军节度使杜洪。这个时间点恰恰就是北方李茂贞、朱温开始全线停火的关键期，而杨行密这一举措，很大程度也是由北方战局所牵引的。

当时李茂贞被朱温围困在凤翔，便让唐昭宗以皇帝的命令，下了一道旨意邀朱温的反对者带兵勤王。而放眼此刻的神州大地，朱温有实力的反对者除李茂贞外，无外乎三人，一个是在川蜀的王建，一个是在河东的李克用，还有一个便是杨行密了。王建忙着统一整个川蜀地区，无暇北顾；而李克用虽然不满朱温，可与李茂贞也不对付；所以几番比较之下，杨行密似乎成了唯一人选。

但是不知道使者走的是怎样一条线路，居然在途经武昌的时候，被杜洪给逮住了。作为朱温新收的小弟，自然不愿错过这么一个表现机会，可杜洪未曾想到的是，他高调拦截天子使者的行为没等来朱温的嘉奖，反倒等来杨行密的讨伐。

此刻杨行密已经占据了整个湖北以东、淮河以南、长江以北的广大区域，与杜洪的辖区恰好毗邻，这次事件无疑给了杨行密一个绝佳的开战借口。李神福在此前孙儒南下的时候提过，是杨行密军团中成功重创过孙儒的人，也是杨行密孙儒鏖战宣州之际不断骚扰孙儒军侧翼的人。此番李神福挂帅，无异于提前给杜洪下了死亡通知书。

天复三年（903）三月，战事仅仅开始两个月，杨行密的大军已经兵临杜洪的老巢鄂州城下了。六神无主的杜洪只得向老大朱温发去了求援书，按理说对于杜洪这种新晋小弟，火速支援帮他渡过难关是可以有效地树立典型的。可是，此刻朱温却出现了两大犹豫因素：其一，杨行密战斗力太过彪悍，远非李茂贞、李克用军队可比的，更遑论次一级军阀，是继秦宗权之后又一个让朱温头疼不已的军阀。几年前的那次清口之战，朱温可是记忆犹新，损失了数万部队不算，还搭上了一个侄子的性命。其二，刚刚和李茂贞打了一年的围城战，手底下师老兵疲的，实在无法再和杨行密打一场大战。

毛主席曾评价朱温说："朱温处四战之地，与曹操略同，而狡猾过之。"狡猾的人往往会借力打力，"狐假虎威"大家都懂，在自身实力不足的时候，如何最大化地调动力量，成了朱温所要盘算的方面。很快朱温派遣了前往驰援杜洪的援军，荆南节度使成汭、武贞节度使雷彦威、武安军节度使马殷三镇集体援助武昌。

挟天子以令诸侯，有时候真的很讽刺，形同傀儡的唐朝天子无法调动的人事，挟天子的朱温却可以最大限度地调用。这三镇节度使也许单独一个未必是杨行密的对手，可三人加起来的版图及兵力已经可以超越杨行密了。而最为关键的是，如果这四人在杜洪的辖区内混战一场，甚至将战火烧到湖北其他地区，那么战后势必会形成一个残破的湖北大地，到时候朱温南下简直不费吹灰之力。未出一兵一卒却有可能收到天价回馈，朱温这个无本买卖不可谓不毒。

但是杨行密也不傻，他也想将这三镇分化瓦解，确保能顺利拿下杜洪，而马殷成了杨行密的首选目标。为何三镇节度使里，杨行密单独翻了马殷的牌呢？我想理由也有两点：其一，马殷是湖南地区的军阀，这次杨行密在湖北开疆，与马殷没有什么直接的利益冲突。其二，当年马殷在孙儒手下做事时，和杨行密也交过手，杨行密恐怖如斯的实力马殷也是有所了解的，熟悉的敌人往往会对自己产生敬畏之心，这时候杨行密稍一示好，也许他就借坡下驴了。

杨行密是这么想的，马殷也是这般想的。这次北上援助杜洪本就是一件突如其来的祸事。吃力不讨好不说，还打乱了马殷的开疆计划。桂管地区还有四州未下，现在北方一旦开火，南进的战略只能推迟了。

第二章

北楚烽烟

一、李神福在湖北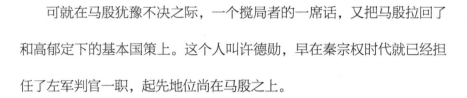

可就在马殷犹豫不决之际，一个搅局者的一席话，又把马殷拉回了和高郁定下的基本国策上。这个人叫许德勋，早在秦宗权时代就已经担任了左军判官一职，起先地位尚在马殷之上。

后来孙儒南下江淮之际，许德勋因为资格相对较老，被任命为蹋白都指挥使。每次攻城，许德勋总是在做一件在常人眼中难以理解的事情——保护粮仓。按理说作为长年食人的蔡州军团，军粮肯定是不缺的，所以许德勋这么做确实会让人觉得怪异。可是孙儒对他评价很高："成吾事者必许蹋白也！"如此之高的评价，即使马殷乃至马殷上司刘建锋都不曾有过。或许孙儒内心也知道，吃人肉终非长久之计，又或许，孙儒也看得出来，许德勋确实是个人才，虽是一叶，却已知秋。

孙儒器重许德勋，那许德勋自然要结草衔环以报，所以对于害死孙儒的头号分子杨行密，许德勋是怀着刻骨之恨，自然也不会放弃任何一个可以报复杨行密的机会。

面对有些犹豫的马殷，许德勋说道："朱全忠（朱温）虽然无道，但他如今挟天子以令诸侯，便是占据了大义。我们一旦与朱温交恶便是与唐朝廷交恶，为和杨行密结好而成为政府的公敌，我替主公不值啊。"

马殷似乎为人处世的原则都是奉行去弊主义的，两害相权取其轻，得罪杨行密的代价要比朱温小很多，所以他再次捡起了"奉中原为主"的大旗。但他不会料到，这换来的是日后和杨行密乃至南吴王朝长年累月的战事，从长期来看，弊处甚大。

既然和杨行密翻脸，那援兵是一定得派的，但也不能操之过急，观察下另外两家的动向再进行下一步动作要稳妥得多。所以马殷委派许德勋和秦彦晖领水军屯兵汉江一带，以观动向。

另外两位湖北地区的军阀面对杨行密的西扩，也如约进行了军事部署。其中，荆南节度使成汭表现得最为热衷。早年间唐王朝在湖北地区就设了一个荆南节度使，而无论是杜洪的武昌军节度使还是雷彦威的武贞军节度使都是在乱世中冒出来的杂牌番号，所以吞并整个湖北地区是成汭念念不忘的事业。这次杜洪遭灾似乎是天赐良机，打退杨行密的部队，那整个湖北东部地区岂不是唾手可得？

这次东进成汭足足调动了十万大军，将三年间建造的数百艘战船全数派出（看来早就等这一天了），掏空整个荆南打这场仗，似乎杨行密这边单独对付一个成汭就压力倍增了。唐天复三年（903）五月，成汭承载十万大军的舰队出现在了鄂州城外围，战事一触即发。

此时第三位奉诏的军阀——武贞军节度使雷彦威也行动了，只不过他的目标不是武昌地区的杨行密，而是倾巢而出的成汭。趁着二虎相争，拿下江陵府可是天赐良机啊。但是，雷彦威考虑到自己的实力还是不足以一下子吞下江陵，所以也给马殷发去了邀请。

马殷的去弊主义自然是要让他在得罪杨行密和得罪成汭之前再做一次选择了，当然结果很明显，马殷果断答应了与雷彦威结盟。荆江口一带，马殷的水师与雷彦威派遣的欧阳思所部三千余人完成顺利会师。

由于大军悉数东出，江陵府成了一座空城，马、雷联军很快拿下了这座城市。而江陵府的富庶让雷彦威大喜过望，打砸抢烧的本性被激发，江陵城顿成一片火海，人间炼狱一般可怕。

马殷军原本出身于孙儒军团，杀人掠夺的事情也没少过，但是对像雷彦威这种刚开抢就放火的行为还是感觉到不可思议，这眼神就像是八国联军进北京那会儿法国人看俄国人的感觉：这老毛子也太疯狂了吧！

所以，许德勋和秦彦晖在进行一番劫掠之后率先撤出了江陵，因为他们明白两点：一、成汭随时有可能掉头回来；二、江陵距离雷彦威军本部近而距离潭州城远，一旦和雷彦威军爆发冲突，马殷救援鞭长莫及。

江陵府陷落的消息很快就传到了前方成汭耳中，军心一片动摇，但此刻的成汭反倒像是输红眼的赌徒，拒绝了部下请求回师的建议，孤注一掷硬是要把杜洪和李神福一并解决掉。如果我们回顾一下之前的片段就会惊奇地发现，成汭此刻无论是心境还是处境都和孙儒灭亡前极其的相似，而对手同样是李神福，结局自然很难例外。

在李神福的布局下，部将秦裴与杨戎在君山一带设伏，利用火攻大破荆南军，作为荆南军的最高统帅成汭，在绝望与不甘中伴随着战船沉入了长江，成了又一个被欲望吞噬的孤魂野鬼。

伴随着成汭的离世，湖北的乱局正式开始了，朗州的雷彦威虽然霸占了江陵府，却无法一举吞并掉成汭原有的所有领土，毗邻川蜀一带的忠、万、夔、施四州成了甫定四川地区的西川节度使王建的囊中之物。杜洪在失去成汭的援助后，也被杨行密所吞并，只是较为遗憾，杨行密也未能全盘吞下杜洪的地盘，其中岳州竟然被马殷给趁火打劫捞了去。

马殷对于土地的贪婪可远比杨行密要大很多，而不取江陵府的原因前文已经说过了，并非不愿，而是不能。可对于能力之内的事情，他可真正做到了贪得无厌。当初扫平湖南境内后继续选择南下便是这副心态，如今也不过是故技重施。原来，在马殷撤军途中恰巧路过杜洪所辖的岳州，大将许德勋突然考虑到此时杜洪正在前线与杨行密苦战，败亡也就是旦夕之间的事情，不如趁着这二人鹬蚌相争，自己渔翁得利啊，于是乎打起了岳州城的主意。

此时岳州城的刺史叫邓进忠，他虽名义上属于杜洪的下属，但也是半路归附，称不上忠心，此刻老板败亡在即，自然也急着另谋出路。而马殷的武安军过境似乎也无形中给他提供了这一机会，邓进忠假意以"犒军"的名义派出使者带着美酒佳肴去许德勋军营款待，望着许德勋所部从江陵府抢来的奇珍异宝，再看了下武安军威风凛凛的军容，邓进忠这边终于打定了主意：这老板我跟定了！

又是兵不血刃地拿下岳州城，许德勋很满意，邓进忠很踏实，马殷则乐开了花。为了防备杨行密对于自己这一"虎口夺食"行为的兴兵报复，马殷随即任命许德勋为岳州刺史，驻军在岳州，作为潭州的第一道防线。而开城投降的邓进忠自然也不会被亏待，他被调任为衡州刺史，虽然衡州地区穷山恶水，可有那么一片土地总好过那些惨死世间的短命军阀吧？

一场由杨行密西征引发的湖北乱局看似告一段落了，实则不然。因为成汭的倒台，挡在湖北最北边的一道人形围墙轰塌了，而这意味着将有更多的中原军阀南下，参与到日后的湖北乱局中。

事情果然不期而至地爆发了，天复三年（903）年底，山南道节度使赵匡凝南下占据了江陵府，将盘踞此地长达半年的雷彦威势力清扫了出去。

赵匡凝的介入使得湖北乱局又进入了第二阶段，在第一阶段中，随着成汭、杜洪的败亡，湖北大地遭到重新洗牌。杨行密和马殷分别占据了原本属于杜洪的二州，拿下了湖北东部地区，王建的出川之战夺下了湖北的西面四州，而武贞军在短暂控制过江陵府后，又被逐回原驻地，剩余板块尽数落于赵匡凝之手。

然而，这第二轮战局又新添了不少变量因素，先说西边的王建，在取得四州后，他暂时停止了东扩，转而花时间消化新得领土。而王建势力范围稍微往东一些的雷彦威集团，也因为损失江陵府而引发一场动荡。雷彦威前线失利，后院也同时起火，原来赵匡凝勾结雷彦威的弟弟雷彦恭突然发难，驱逐了雷彦威，雷彦恭自己做了武贞军节度使。关于雷彦威的结局，史书没有给出答案，毕竟在那样的乱世中，一个失败的军阀，是生是死亦是无足轻重的了。

异军突起的赵匡凝集团似乎成为了一匹黑马，控制着湖北最广阔的地区。而他的东面，有两个实力超过他的军阀，江淮霸主杨行密和湖南盟主马殷。但天意弄人，在这一圈军阀中，实力最强的杨行密似乎并没有乘胜追击，反倒将头号战将李神福调离了湖北战场，宣告提前退出第二轮争霸战。不是说杨行密畏惧目前湖北几大军阀的势力，而是自家内院也不消停。

这边得插播下江淮地区的实况，此时杨行密正遭受着孙儒之乱以来毕生最头痛的一次叛乱，他手下三位骁勇且有人望的将领田頵、安仁义、朱延寿联合叛乱了。而叛军还暗中联络朱温，邀请他南北夹击，朱温随即陈兵淮河以北，大战由此打响。杨行密手下这三位叛将的闹事掀起了轩然大波，让杨行密不得不将湖北战场上名扬天下的李神福调回救场，这么一来，江淮集团在湖北战场也就只能以守易攻了。

马殷不费吹灰之力洗劫了江陵府，又顺带拿下了岳州，势力再为之一振，成了该区域和赵匡凝最有竞争实力的军阀。但是我想大家肯定还记得我之前的话，成汭倒台后，隔绝中原和湖北的屏障也没了，这便意味着中原的军阀将会陆续参与到此间的争霸战中，赵匡凝绝不是唯一一个。

很快，中原最有实力的军阀朱温也瞄上了这块土地，之前利用杜洪制霸荆楚的计划因为杨行密搅局而宣告破产。此时杨行密内乱突起，趁着他无暇西顾，这是拿下荆南乃至整个湖北地区的最佳良机。而且，新一任荆南节度使赵匡凝是一个朱温非常讨厌的人，原因在于他尊奉天子。

朱温挟天子以令诸侯，眼中心底需要的是明尊天子、实仰自己的军阀，而不是傻乎乎的真要做唐朝皇帝的忠臣那类人。这一点马殷做得很好，给天子上供的同时总不忘给朱温也备一份厚礼。可赵匡凝做人就有些失败了，他眼中只知有唐天子而不知有朱温，如果他顺利地并吞掉湖北其他地区，那么南方的局势将更加不好控制。顺带提一下，赵匡凝父亲还是秦宗权旧部，这就让朱温更是不爽了。

这一次，朱温不再依赖于其他小军阀，他准备亲自动手，一举拿下整个荆南地区。在朱温大军压境之下，这个刚在荆南节度使板凳上还未坐热的赵匡凝竟全无招架之力，非但江陵府陷落，连老巢襄州都丢了。赵匡凝和弟弟赵匡明在战争中各奔出路，分别投杨行密和王建去了。

二、历史的拐点

朱温稍微展示了一下肌肉，湖北大地又重新洗牌了，曾经叱咤湖北的三巨头除了朗州地区的雷家外都已成了过眼云烟。荆楚大地被分割得支离破碎，再也没有一个拿得出手的军阀了，或许未来湖北地区的走向，已在此刻一锤定音了。

北边的朱温、东边的杨行密，两位能决定未来中国走向的军阀都已经和马殷接壤，日后路子如何走，马殷势必要慎之又慎了。

唐天佑元年（904），刚刚平定完内部叛乱的杨行密给马殷派来了一位神秘来客，这位来客不是别人，恰恰是马殷的亲生弟弟马賨。当年早在孙儒军中，兄弟俩便联手作战了，马賨更是依靠军功被孙儒提拔为百胜军指挥使，只是后来孙儒败亡之际，马賨因未和马殷一道外出掳掠，不幸被杨行密俘虏。

杨行密求贤若渴，对于马賨这样的贤才自然是相当珍惜，甚至将由孙儒旧部精中选精组建起来的"黑云都"都交由他指挥，地位可谓不低。而那个时候的马殷在哪？不过是跟随着刘建锋在江西一带四处流窜呢！

马賨遇到这样一位明主，自然也就踏实肯干，多次在与钱镠的战斗中身先士卒，为杨行密出力。但随着马殷在湖南大地的崛起，马賨对于杨行密的意义便不再只是一个小小的黑云都指挥使了，考虑到马賨也非常思念远在湘楚的兄长，杨行密准备成人之美，放马賨西归。

马賨从未料到在乱世中拼杀的军阀也有这么温情的一面，当下感激涕零，向杨行密表示一定会劝说哥哥与杨行密做睦邻友好的同僚。有人据此说杨行密这是故意收买人心，笼络马殷来减轻自己在西边的压力，事实上这恰恰小看杨行密了。此时离杨行密手下三将叛乱结束已经半年了，如果单纯为了减轻压力大可以在半年前释放，何必等到现在？

杨行密以诚待人，释放马賨便是他这一人格的体现，那么多将领愿意凝聚在杨行密身边也恰恰是因为杨行密这一优点。而马賨能够宾服这位昔日的战场仇敌，恰恰也是因为这一颗诚心，那么，杨行密的诚意能否打动马殷呢？

很遗憾，对于马殷这种人来说，诚是何物，信又是何物，他是不会晓得的。他只晓得在去弊主义下，远离杨行密，跪舔朱温才可以保证自己逍遥自在。所以尽管面对弟弟的归来他表现得热泪盈眶，但一听弟弟提出要与杨行密结盟的事时，脑袋便摇成拨浪鼓一般。他斥责弟弟说："杨行密这家伙不尊敬天子（只是不尊敬朱温吧），一旦朝廷大军压制，咱们可不能受其连累，以后别再给我胡说八道！"至此，马賨这个马殷非常能干的弟弟在马殷手下便不再得到重用，虽然官位随着马殷的提升也水涨船高，甚至在马楚开国时官拜左相，可却再也没有真正掌握过军权。是马殷对他提防还是他自己惭愧于无法完成杨行密所托而心死不愿为马殷出力，我们已不得而知，但是很可惜这样一位能文能武的战将却不能在未来的历史中书写他的辉煌，终究黯淡而去。

这边还得提一下，也是在这一年，为马殷南征出力最大的李琼死在了任上，这位被岭南人称为"李大虫"的猛将，在生命中最后的五年也是过得相当平淡。因为北方战事的突起，李琼不得不束甲勒兵，停止对桂管九州的全数征服，而也恰恰因为坐失这一良机，让广东地区的刘家得以崛起，并在后来彻底改变了整个岭南的局势。更为令人可惜的是，这位为马楚开国打下半壁江山的名将甚至都没来得及看到他的主公裂土封王的那一天！

李琼死后，马殷让另一个弟弟马存接替了他桂管观察使一职，相比马賨，这个马存在历史上就更无存在感了，只是匆匆一笔带过。

让马賨没有想到，他的恩主、江淮霸主杨行密居然在一年后，即天祐二年（905）十一月，便撒手西归，没能看到自己霸业继续光大的那一天。带着满腹的遗憾和对儿子的担忧，这位最有能力问鼎天下的王者终究还是闭上了双眼：这江山，谁都带不走啊！

杨行密的担忧是有理由的，他那刚刚年满二十的长子杨渥是个地地道道的膏粱子弟，刚刚上台就花天酒地胡作非为，还接连逼反父亲当初的老部下。江淮集团新旧交替时出现的小动荡居然引发了马殷的兴趣，他此刻脑子里想的不是如何报答杨行密让自己兄弟重逢的恩情，而是在琢磨如何趁着江淮集团更替继承人间隙狠狠咬上一口。于是乎，马殷试探性地在杨行密去世后一个月兵入湖北，企图拿下武昌城。

这一次马殷这边何人领军史书中并没有记载，据此推断此次出兵人数并不会很多，也符合试探性的边境摩擦，而击败马殷的却是江淮集团一个名不见经传的小人物——淮南牙内指挥使杨彪。可见，即使湖北少了李神福这样的神将，要想挫败马殷也不见得就是一件难事。

按理说，杨行密两次与马殷交好，还将马殷弟弟送还，这样的恩情在十国乱世并不多见。而马殷即使再不想与杨行密交好也不至于杨行密一死就反手兵戎相见，礼不伐丧，马殷这么做可是缺了大德。

杨渥虽然是个膏粱子弟，但有一点他还是懂的：人不犯我我不犯人，人若犯我我必犯人！于是天祐三年（906）三月，杨渥派遣先锋指挥使陈知新率兵进攻岳州，半月之内便将岳州拿下，马殷引以为傲的大将许德勋灰溜溜地滚回了潭州。

花了近五年时间在湖北乱局中捞便宜，结果如今一月不到全部吐了出来，马殷心里别提多憋屈了。可是对比一下邻居的待遇，马殷似乎心里还有些小确幸。就在岳州被江淮集团收复后不久，毗邻湖南的江西地区也发生了大动荡。杨渥趁着江西老大钟传的病逝下令全面进军江西，千里江西大地一下子又被江淮集团给吞并了。

整合了江淮地区和江西地区的杨家已经成了中国南部势力最大的军阀，如果之前马殷和杨行密的差距是宝马和奔驰的差距，那么现在马殷和杨渥的差距可就好比学步车和平衡车的差距了。人在不甘的情况下就会使坏，马殷似乎在此刻起，注定了要在给江淮集团搞事的歪路上越走越远了。

江西虽然被杨渥吞并，可江西地区并非像江淮集团或是湖南马殷一样，底下是铁板一块。在钟传统领全局之下，还有东边危氏兄弟、西边彭氏兄弟以及南边的长者谭全播。以前钟传活着，大家倒也服他，相安无事。可如今江西当家人换了杨渥，那这些人心里可就不安分了。

江西东部的危氏兄弟傍上了钱镠这棵大树，而西边的彭氏兄弟则瞄准了马殷。因为在有关南吴南唐的史料中对彭氏兄弟极少提到，甚至有不少错误，所以在《十国春秋：乱世圣主徐知诰》一书中，对于这彭家讲解得很粗浅，这边借着马楚政权中着重提了彭家，便由此铺展开叙述下。

彭玕，这家伙名字版本很多，但考虑到以马楚史料为主在这就统一称呼他彭玕。他家世代是江西吉州庐陵人，可能是汉人，也可能是少数民族，关于他民族属性引发的争议我后面还会再提到。

这位彭大人天性聪慧，年纪轻轻就做了公务员，但他性格却非常古怪，拿着朝廷的铁饭碗却整天想着要推翻朝廷的事，属于"吃粮骂娘"的典型，当然，也可以将其称为一位革命义士。

有一日，彭大人所在的岗位搞了一个全体聚餐，可作为彭大人上级领导的李某考虑到彭玕平日里的反动脾性，便故意没叫他。可不巧的是，彭玕不知道从哪得知了这一消息，特意赶去了宴会，结果环顾四周发现这些同事连碗筷都没给自己准备一副，于是很生气地扔下了帽子扬长而去。

要说我们的彭大人还真是一个戏精，这故意扔在场的帽子成了他二次折返的理由，而当他返回拿帽子时，已经喝高了的同事们个个丑态毕现。彭玕一边拍着帽子上的灰尘，一边煞有介事地说道："大丈夫生于天地之间，应当争那些富贵荣华，用五鼎食，而你们这些鼠辈呢？只会在这胡乱聚饮！"

彭玕喷了一通同事们就走掉了，而他的妻子听说了这事后，觉得老彭做事有些拉仇恨，便拿出了自己的陪嫁品，让彭玕招待同事们，一笑泯恩仇。结果我们的彭大人依旧不按套路出牌，宴席虽然摆了，人也请到了，可在席间却说了这么一番话："鄙人才疏学浅，无法与各位共事了，不日便会辞职，回归山野。"

多少人挤破头想去当公务员，可彭大人到手的铁饭碗说砸就砸，也不知道怎么想的。可是，也许只有彭玕知道自己那颗躁动不安的心里究竟追求的是什么。辞职后的他并没有真正地回归田园，而是散尽家财，招募乡勇，拉起了一支私兵，占据山头做了山大王。

很快，彭玕的势力得到了江西大佬钟传的赏识，钟传便将他招安，委任为吉州刺史，成了钟传底下的一个小军阀。而与吉州毗邻的袁州地区，该地刺史也是一位姓彭的，叫彭彦章，关于彭彦章和彭玕的关系只能依稀追溯于一个家族，至于究竟有多亲，史书没有给出明确答复。相比彭玕，彭彦章在历史上留下的笔墨就更少了，而那较少的笔墨还留在了南吴王朝的历史中。

回过头来继续说彭玕，当上刺史后的彭玕第一件事便是将自己当年那个无能废物上司李某给满门抄斩了，既然李某那么喜欢做唐朝的忠臣，倒不如提前去地下为行将就木的李唐王朝尽忠吧。而对于自己起家的那段黑历史，彭玕也是尽可能地抹除，那些往日啸聚的泼皮无赖，也被他暗地里一一清除。

彭玕性格中的那种敢作敢为深深吸引了马殷，也许是当年也有类似的黑历史，让马殷对这位千里之外的小老弟竟然产生了种微妙的感觉。而彭玕在老东家钟传倒台后，也寻思着找一个新的靠山，马殷似乎是个靠谱人选。

很快，彭玕派遣下属敖瞻、李绪出使湖南，前往潭州拜谒马殷。给朱温当惯了小弟的马殷，突然间遇到了有小弟想来拜谒自己，那得意之情自然是溢于言表了。马殷在长沙城中大摆宴席，招待江西来的使者，两位使者也像是"刘姥姥进了大观园"，享受如此礼遇后，当即表示：确认过眼神，遇上了对的人。

敖瞻和李绪返回吉州后，便向领导夸耀马殷道："马殷可是长得龙须凤眼，是天生的大人物，手下更是彬彬有礼，秩序井然，是个值得归附的人。"（马公龙髯凤眸、大人之表、其将吏辑睦、少长有礼，未可图也！《九国志》）属下出使顺利，新领导的事情也就这么敲定下来了。

三、朱温篡唐

905年，杨行密死了，906年，钟传死了，这在当时的中国南部地区，都是轰动一时的大新闻。而时间轴转动到907年，一件大事件的发生让这些大佬的离世都显得那么微不足道。因为在这一年，存活了近三百年的李唐王朝也死了！

天祐四年（907）四月，逆贼朱温废黜了唐末帝李柷，自立为帝，改国号梁（即后梁），改元开平，定都开封，史称"朱温篡唐"。没人能预感到，一向挟天子以令诸侯的朱温，会让这一天这么快地到来，因为放眼天下，此时的中华大地犹如一张破碎的床单，朱温所占据的，也许是最好的一块，但并没有占据大多数板块。

关中李茂贞，代北李存勖，川西王建，淮南杨渥，这四大军阀当即便表示了不满，拒绝承认朱温的合法地位以及他那伪年号。然而我们这边既然开讲马殷，考虑到马殷给朱温称臣，所以后文的年号一律以中原地区的年号为准。

马殷虔诚地侍奉朱温，自然也是朱温称帝后首要加封的一批人，开平元年（907）四月，梁朝使者给马殷带来了朱温的诏书，授马殷为侍中兼中书令，晋爵楚王。多年的奋斗一夕之间获得老大的肯定，马殷深感心满意足。

在新落成的楚王府中，马殷抚摸着梁朝的圣旨，还一脸陶醉在加封楚王的喜悦中。高郁却悄无声息地踱步走了进来，他拱手说道："微臣恭贺王上！"马殷回过头来，却依旧带着笑意说道："哦，这还得先谢过先生啊，若非昔日先生一席话，岂有今日的楚王啊。"高郁继续低头说道："月盈则亏，水满则溢。如今天下纷扰未止，我只希望王上慎之又慎，勿忘今日功成名就之艰辛。"

"功成名就，所谓功成名就，无非是昔年揽月无何，今朝唾手可得罢了。先生，如今寡人裂土千里，带甲十万，不知这鼎之轻重，可以问乎？"似乎对于高郁的一些话，马殷听得有些不合心意，眉宇间竟然有些深锁。高郁却轻轻一笑，继续问道："大王比皇上（朱温）如何？比弘农王（杨渥）如何？比前荆南节度使赵匡凝又如何？"

马殷略有难色地说道："两国博弈，在于人口、钱粮、土地，岂论个人才干？湖南贫瘠，自然不如中原和江淮。若与赵匡凝相比，寡人倒是胜他一筹。"

高郁走到马殷面前，正色说道："皇上讨灭赵匡凝，赵匡凝岂有反手之力？王上自比赵匡凝又如何能抗拒梁国天威？江淮军兵马雄壮，顷刻间便夺岳州，我等又如何能敌？王上有今日之地位，在于皇上庇佑，江淮不敢并吞之。若有朝一日与中原反目，淮南兵马必于旬月之期入寇长沙也。"

高郁说完，马殷惊得一身冷汗，如梦初醒般说道："先生所言，受教了，是我自矜了，险些害了这湘楚大地。"高郁却不紧不慢地说道："此行我是又给大王带来一个好消息了。"马殷不解，忙问："何事？"

高郁笑道："杨渥骄奢淫逸，桀骜不驯，杀戮周隐，逼走王茂章。如今吴军主力悉数压在江西一带，"说到这，高郁轻轻拍了拍马殷肩膀笑着说："是时候让岳州物归原主了！"

能让高郁对江淮局势如此了如指掌的原因便是楚国来了一位贵人，这个人叫吕师周，扬州人。和王茂章一样，他也是被杨渥逼反的一员江淮老将，而且他还有另一个身份——原黑云都指挥使。之前我曾说过，这个黑云都是江淮集团最精锐的部队，马殷的弟弟就曾担任过该部队的指挥使，吕师周既然也能坐到那个位置，可想而知绝非泛泛之辈。

而吕师周选择潜逃楚国的理由很滑稽，据他自己交代他是个业余风水大师，自己平时和楚军对阵，发现楚国军营中有祥云缭绕，是有天神庇佑马殷。与马殷作战未必能讨得到好处，所以吕师周选择了冒死潜逃楚国。当然，这仅仅是他自己交代，其实细挖一下便会发现，来自杨渥的迫害是占据主要因素的。

对于一直想打江淮集团主意的马殷来说，他自然知道吕师周的归附对自己意味着什么。马殷亲自出城迎接，并拜吕师周为马步军都指挥使，等同于三军阵前总司令了。只不过吕师周归降马殷后，所立军功并非是在东线对阵江淮集团的战场上，而是在岭南地区，这点我们后续会讲到。

吕师周给马殷带来了江淮集团的近况消息，确如高郁所言，杨渥逼得将士死的死，逃的逃，且主力部队一直投在了江西。所以此刻出兵恰恰是夺回岳州的最佳时刻。但令马殷预料不到的是，吕师周出逃后不久，杨渥手下的张颢和徐温因不忍眼见杨渥将整个集团搞得分崩离析，于是联合发动兵谏，囚禁了杨渥，政务全交由张徐二人负责。

更令马殷意想不到的是，张颢对于领土方面的扩张欲望可是比杨渥还要强烈，兵谏后以杨渥的名义发布的第一条命令就是下令岳鄂观察使刘存为西南面都招讨使、岳州刺史陈知新为岳州团练使、庐州观察使刘威为应援使、别将许立应为监军，率领三万水军，大举进攻潭州。

这些江淮集团的将领除了许立应声名不显外，其他人都是响当当的名将。刘存是杨行密早期"三十六名将"之一，目前顶替李神福，是江淮集团湖北战区最高指挥官，而陈知新是之前一月不到就赶走马殷帐下头号大将许德勋的猛人。至于刘威更不必说，是杨行密临终前军中最有威望继承杨行密事业的人，目前是江西战区一把手。

面对江淮集团这样强势的阵容，一向走得顺风顺水的马殷心里也打起了寒战，仿佛时间一下子回到了十多年前，回到了孙儒败亡时的那场噩梦。自己会不会成为第二个钟传，成为江淮又一个被吞并的对象？

这个时候，又是一位名不见经传的小人物给马殷上了一课。这个人叫杨定真，史书连交代他的出身背景都吝惜笔墨，只知道此刻他时任静江军使，应当在岭南部队中担任职务。他留存于史书记载的就两件事，且都与江淮集团西征有关，其中一件便是此事。

在众将面对江淮大军压境都沉默不语时，这个杨定真却高声喊道："此战我军必胜！"这下子大家都将目光聚集到了他身上，马殷也忙问："何以见得？"

杨定真一本正经地给马殷分析说："俺书读得不多，但也知道哀兵必胜、骄兵必败的道理。之前江淮军不费吹灰之力就拿下了岳州，想必此战一定是志得意满，所以他们必败。"我勒个去，杨定真以这个理由就坚信此次楚军必胜，只能说是傻得可爱。而相比杨定真这么个傻子，马殷更像是一个疯子，把这样一番话鼓舞给在场将士，声称要打出楚军的威风来。

许德勋上次失利，此刻和江淮军交战都已经有阴影了，而名将李琼也去世了，所以扒拉一下，秦彦晖成了目前马殷最中意的人了。马殷委派秦彦晖在浏阳河上游地带驻守陆军，抵挡东来之敌，而黄璠则率水师于浏阳河口，准备伏击敌军。

战争往往会因为一些突发因素而走上一条极为诡异的归路。马殷如此部署并不足以撼动江淮军的攻势，可无奈的是此刻老天似乎也在眷顾马殷，居然连下大雨，造成长沙城外围水位上涨迅速。

江淮军中有近一半是陆军，遇到这种情况，只能撤退到高地休整，这个地方叫越堤，大致在今天长沙民政职业技术学院一带。面对江淮军的退守，秦彦晖自然不愿放弃这一机会，他立刻率领手下对越堤地区进行了包围。这个时候，经验丰富的刘存心知这次算是栽了，但留得青山在不愁没柴烧，决定投降马楚。

杨行密时代，杨行密和钱镠之间曾多次爆发战争，双方的将士也互有被俘虏的。所幸的是，钱镠和杨行密都很人道，对于俘虏的将领都是好吃好喝地善待，一旦关系缓和时，便是相互交换俘虏。那位受杨渥命令荡平整个江西钟家的秦裴就曾经被吴越军俘虏，后来放归吴国，但这并不影响他继续建功立业。

基于这一思想，刘存便给马殷写去了降表。可是他却大大低估了马殷集团里都是些什么人。他们前身是吃人不吐骨头的孙儒军团，在平定永州的时候，他们的将军更是下令"火油烧杀"对付敌人，攻打全义岭时，李琼更是一股脑坑杀两千降卒！

面对刘存的降表，马殷还在犹豫，秦彦晖却斩钉截铁地说："耍我们的，别信！"趁着刘存在等待马殷回复而军备松懈之机，秦彦晖发动突然性地大举进攻，一下子将刘存所部打得一败涂地。心有不甘的刘存在军前大骂秦彦晖："自古杀降不祥，你姓秦的这么做就不怕将来断子绝孙吗！？（杀降不祥，公独不为子孙计耶！）"

可是秦彦晖却冷冷地说道："你们带兵进入我国境内，生死攸关一线，哪里还顾得上考虑子孙？"秦彦晖的想法就像法国皇帝路易十五一样：我死后哪管洪水滔天！？始作俑者，其无后乎，史书并没有交代秦彦晖的后人如何，但淹没于史册或许是对这位枭雄最好的回应。

刘存的残军拼死杀出秦彦晖的包围圈后，无奈又撞上了黄璠率领的楚国水军，刘存和陈知新都成了楚军的俘虏，连带还被缴获八百艘战舰，之前丢失的岳州也收复了。前方败绩传来，后方的刘威和许立应惊讶之余选择了迅速撤离战场。在他们的潜意识中，江淮自剿灭孙儒以来，有近二十年未遭此大败了。

望着被押解上前的刘存和陈知新，马殷满怀嘲讽及奚落地想再听到这两人向自己乞和，可是这一次刘、陈二人却无比的硬气，痛斥马殷不守道义并说道："丈夫以死报主，肯事贼乎！"劝降无效等待刘、陈二人的也就只剩一死了，毕竟，马殷不是钱镠。

这场发生在开平元年（907）六月的吴楚交兵竟以如此诡异的结局收场，于双方都起了不小的影响。这是马楚的开国之战，对于马殷来说此战摆脱了马楚灭国的窘境，还一战让麾下将士都消除了"恐吴症"，以后不用再畏惧江淮集团了。而于江淮集团来说，刘存殒命，刘威败绩，这对于老将的威望有所打压，为徐温后来的上位埋下伏笔。而作为监军的许立应由于是杨渥的心腹被诛杀，不久杨渥也被张颢弑杀，江淮集团迎来了新主人——杨隆演。

四、北方来的"癞皮狗"

经此一战，江淮集团算是暂时不敢向西开疆了，而马殷这边则对于开疆有些跃跃欲试了，此时湖北地区还存留的武贞军节度使成了马殷的下手目标。如果按照时间划分，此时的中国历史已经进入了五代十国时期，但是，历史这类东西往往不像数理公式，它往往不能用一两个名词去完全分割时期。

就比如说雷彦恭，他应该属于晚唐军阀一类，可却非常凑巧地活到了五代十国，而马殷的使命就是将他变成历史的尘埃。雷彦恭此时盘踞在湖北西南面一带，大致范围是今天湖南常德、张家界并包括湖北的一部分，他的西边是川中王王建，他的南面是湖南王马殷，而他的北面则是中原皇帝朱温，所以最终雷彦恭选择了和他东面的杨行密结盟。

雷彦恭的想法很奇特，他罔顾马殷朱温南北夹击的危险局面，却选择和千里之外的江淮集团结盟，像极了一个行走在钢丝上的人，而马殷此刻就要做吹落他的一阵狂风。与此同时，上天又给马殷送来了一份大礼，一个邻居，一个陪马殷相爱相杀走完了后半辈子的滑稽人物。

这个人叫高季昌，于唐天祐二年（905）十月奉朱温的指派前来江陵担任新一届的荆南节度使。为什么说这个人滑稽，在这先卖个关子，以后我会慢慢展开交代。高季昌是朱温义子朱友让的家奴，虽说是地位低下，但据后来高季昌自己回忆说祖上也阔过，是北齐名将高敖曹的后代。

似乎多少继承了一些高敖曹的基因，很快高季昌在战争中"善打"的特质被朱温发掘出来，在围攻李茂贞老巢凤翔的战役中，朱温一度想要撤军。可是高季昌不顾自己当时地位低下，越级向朱温建议说再围一阵子，自己愿组织敢死队带头冲锋。

正是凭着高季昌这一股脑的韧劲和不怕死的精神，朱温熬到了最后，成了凤翔围攻战的最后胜利者，李茂贞被打残，交出了唐昭宗，朱温得以挟天子以令诸侯。也因此，朱温这次特地点名让他南下，配合马殷拔掉雷彦恭这个刺人的钉子。

但是马殷一开始和这个新来的北方人并不对付，甚至还与雷彦恭在开平元年（907）七月，联合发兵江陵府，想故技重施一番。看到这段史料的时候，我还是比较怀疑的，因为这明显不像马殷的风格啊，他不知道这是在得罪朱温吗？然而，这件事却被白纸黑字写进了史书，也许在那个"有奶便是娘"的时代，军阀操守都如马殷一般吧，又或许这恰恰注定了马殷后半生与高季昌相爱相杀的羁绊。

高季昌面对两个大佬联合出兵却一点都不慌，相反还主动出击，将雷彦恭这一路打退了。发现高季昌有两把刷子后，楚军也识相地撤兵了。雷彦恭经此一败，居然发挥了疯狗乱咬的本性，率残兵进攻马殷的岳州，好在岳州城池坚固，并没有能拿下。

湖北地区经雷彦恭这么一搅和，立刻又成了乱局，朱温很火大，将高季昌和马殷分别责骂了一番，勒令他们务必将雷彦恭铲除。他需要的是一个安定的湖北，而不是纷扰不已的后方，因为他的老对手独眼李克用快死了，他准备大规模对代北用兵了。

为了能顺利清剿雷彦恭，马殷派出了许德勋披挂上阵，因为老许当年和雷家军一起洗劫过江陵，对这支部队也有所了解。高季昌这边则祭出了手下大将倪可福，雷彦恭纵是再狂妄也无力面对这两家重拳出击，于是又腆着脸皮向江淮集团发出求援。

按理说此时正值江淮集团的动荡期，刘存的失利影响很大，可是现实是江淮集团居然答应了雷彦恭的诉求。也许江淮集团急于扳回潭州城外那一次失利，正面迎战马殷，为刘存雪耻。

从杨行密死后，马殷一共和江淮集团交手四次，先是小规模骚扰边境，失利，而后被陈知新赶出了岳州，大败。再是俘杀刘存、陈知新，大胜，而后又对江西洪州发起了试探性进攻，失败。这三败一胜之间马楚还是逊色江淮集团很多的，可是马殷此刻却信心满满，要将江淮集团继续击溃。他重新调整了部署，调许德勋来抵御江淮部队，用秦彦晖去灭雷家军。

这一次江淮集团的出兵让人看得云里雾里，派出的冷业和李饶都是名不见经传的小人物，试想刘存都折兵长沙，这两人来了岂不是送经验的？面对这两条杂鱼，许德勋超常发挥，他先是一个夜袭，将冷业所部江淮军悉数击退，并擒获冷业。而后调兵东进，将驻扎在浏阳河的李饶部也给消灭了，李饶再次成了俘虏。

败了一次情有可原，可连败两次就逼得江淮集团不得不从自身审视原因了，双头执政的张颢与徐温矛盾日益尖锐，为日后火并埋下导火索。而马殷这边似乎还不尽兴，又让许德勋去江西境内烧杀抢掠，洗劫了一番。

失去了援军，这一次雷彦恭是真的在劫难逃了。秦彦晖所率的楚军在包围了朗州城后采取了日夜不停攻打战术，围困了一个多月后，雷家军终于扛不住了。这天夜里，朗州城内火光冲天，伴随着火光，楚军的呐喊声响彻云霄，雷彦恭的末日终究来了！

但是楚军寻遍了整个朗州城都未能找到雷彦恭的踪迹，原来狡诈绝伦的雷彦恭早已在城破之时换上伪装，乘坐轻舟逃往淮南了。愤怒的秦彦晖将城中雷氏宗族悉数诛杀，人头送往开封向朱温邀功了。

这场战争最终以马殷并吞朗、澧两州为结束，自此整个荆湘地区已被分割完毕，朱温、马殷、杨隆演各据一方，如果不是后来朱梁被消灭，整个荆湘地区的局势似乎就将这样保持下去。

北方的局势暂时告一段落，让我们将目光再转移到马楚的南方，看看这些年间，马楚南疆的局势又是如何的吧。当马殷将目光重新投向岭南地区时，他惊奇地发现，原本一盘散沙的岭南地区正在慢慢形成一股强大的势力，起于广东，并在慢慢吞噬周边大小军阀。

这，便是广南刘家，前唐朝政府的清海军节度使，未来南汉国的前身。刘家的崛起得从刘谦说起。这位刘谦不会魔术，却有着谜一般的出身，有说他是北方商贾南下的侨民出身，也有说他是广东地区本土的少数民族出身，更有人说他是阿拉伯来广州做生意的穆斯林出身。三种说法各执一词，直到今天都没有一个统一的结论。

刘谦用今天的话来概括就是：一个好父亲，一个好官员。作为一个父亲，他培养了两位王霸之材的儿子，作为好官员，他一生尽职尽责，为唐朝弭平叛乱。刘谦死时官拜广州牙将、封州刺史，可以说他给自己的儿子铺好了一条相对稳妥的道路。刘谦死后长子刘隐接替了封州刺史一职，并通过镇压当地土著的叛乱受到当时广东地区一把手岭南节度使刘崇龟器重。

唐乾宁二年（895），这一年马殷还在江西流窜，唐朝政府派遣宗室薛王李知柔出镇岭南，接替已经亡故的刘崇龟。但是此时的岭南地界已经不安分了，叛乱事件此起彼伏，广州城内卢琚和谭弘弘发动叛乱，占据了广、端二州。

这个时候，颇受前任岭南节度使器重的刘隐就开始发挥自己的作用了。他先是假意与谭、卢二人结交，称要同霸岭南，并又提议要迎娶谭弘弘的女儿，却在婚礼当天突然发难，带兵杀入了端州，击杀了谭弘弘，随后又乘胜攻破广州，杀死卢琚，瞬间平息了这场叛乱。

刘隐的雷厉风行像极了数百年前的陈霸先，这让李知柔感慨岭南地区又得再出一位豪杰了。于是李知柔赶忙将刘隐提拔为自己的行军司马，让他得以常伴自己左右。李知柔在岭南也没待几年就被远调走了，唐朝又派了徐彦若前来接任。可是此时的唐朝已经濒临崩溃，岭南地区算是唐朝最为忠实的一块土地，但老徐也深知刘隐在此地的威望，于是索性将刘隐委任为副节度使，代替自己全权处理岭南事务。

到了唐天复元年（901），徐彦若也死了，可是唐朝廷似乎还想抓牢这最后一块土地，罔顾徐彦若举荐刘隐接替自己做岭南的一把手，又空降了一位名叫崔远的人来岭南秉政。唐朝的做法让刘隐等不及了：这都熬死三个节度使了，还有完没完？这次他直接驱逐了崔远，并越过唐朝这层关系主动结好朱温，正式确立了自己清海军节度使的地位。

尔后，刘隐花了八年时间将整个广东地区整合了起来（这个时间相对来说有些长了），并越过广信山，进入了广西地区。到了后梁开平三年（909）时，刘隐在广西地区的扩张已经与马殷发生冲突了。

之前就说过，虽然李琼名义上是桂管观察使，可桂管九州马殷只占据了五个，还有近一半的领土不在手中。而因为北方的乱局掣肘，使得马殷未能再次南下，这个时间让刘隐得以做大。此时北方已经恢复了宁静，接下来马殷可就有时间腾出手来处理南方问题了。

后梁开平二年（908）九月，马殷的第二次南征拉开了序幕，这次领兵的并非马殷原本的嫡系部下，而是之前由江淮集团前来归附的名将吕师周。关于吕师周和刘隐的作战记录，南汉和马楚双方都没有较多的笔墨进行记录，《十国春秋》仅仅是以一句"与清海节度使刘隐十余战尽取昭贺梧防龚富六州"匆匆带过。

史书虽然未写得详尽，可是我们审阅下此次吕师周的战果便会惊奇地发现，这六州的地盘基本是今天广西桂林以南，包括贺州、梧州，玉林部分在内的整个广西东部地区以及今天广东省广州以西肇庆、韶关、清远等市在内的整个广东西部地区。换句话来说，吕师周不仅把刘隐赶出了广西，还在广东的地盘上狠狠宰了一刀，割了刘隐很大一块肥肉。作为岭南地区头把交椅的刘隐遭此大败，更是暗暗下定决心，操练兵马，准备再战。自此，长达半世纪之久的岭南战局正式拉开序幕，马楚和清海军（南汉）也成了一对世仇。

第三章

马殷当国

一、茶马贸易

一部历史，不光是帝王将相的历史，更是市井小民的历史。我们后人去审视历史，不光要将其视作一部政治史、军事史，更可以将其看作一部经济史、文化史乃至社会风貌史、宗教史。

当我翻看《十国春秋》的时候，会在每个国别的传记最后看到这么一类人，他们或是文人、或是僧侣、或是半仙、或是奇人；也许，数百年前的吴任臣，正是通过他隐晦的笔墨，为我们诠释我上文所要说的话。

我们已经花费大量笔墨来讲述马楚立国前后的纷争，那么此刻我们不妨跳出军阀争霸、战斗激荡的历史，从另一个角度来看下，一场悄无声息的社会经济变革。"茶马贸易"，一个古老而又崭新的名字，马楚赋予了这个名词新的含义。

在我国秦汉时期，有两条陆路贸易线沟通着中国和亚洲中西部的广大地区，一条即是我们熟知的"丝绸之路"，由长安出玉门进入中西业地区。还有一条则是"茶马古道"，茶马古道则是要越过高高的青藏高原，然后最终再进入南亚次大陆地区，进行贸易。

开辟一条商路就必然有开辟这样商路的道理，茶马贸易的本质就是以农耕经济为主打的汉文明用草原地区游牧文明的经济方式来助力。我们知道，中国古代游牧文明对于农耕文明的冲击延续了数千年，而游牧文明所倚仗的无非是弯弓快马，而"快马"恰恰是因地利之便。

马匹这种东西并不是所有地方都可以培育的，它对于温度、地貌都有着相对严格的要求，所以偌大的中国只有三个地方适合养马，一是塞北，这块宝地恰恰被游牧民族占据了。其次是西北，这块地区秦汉时经营得还不错，可是到了唐朝中后期因为吐蕃的崛起，安西都护府和大唐本土的联系被吐蕃硬生生切断了。再则就是西南的云贵高原一带，可不巧的是，在唐朝时期，这块地区也被一个战斗力彪悍的政权——南诏所把持。虽然后来高骈以超高的军事水平把南诏几乎亡国了，但在南诏后面，又诞生了大长和政权。

所以宋朝被人诟病积贫积弱也是有一定客观原因的，毕竟三个产马地分别被契丹、西夏、大理给占据了。唐朝中后期，虽然塞北和西北的产马地被夺取，可西南的产马地还是可以依靠茶马古道这条贸易线路输送给朝廷，而汉人所种植的茶叶也成了西南地区尤其是青藏高原上吐蕃人的所好。

青藏高原地区的吐蕃人，虽然也种植一些青稞等作物，但日常饮食主体还是油脂颇高的肉类，而长期这样的饮食，肠胃势必要出问题。不知道在什么时候，他们发现汉人种植的茶叶可以优化他们的肠道，调节身体，而茶叶的种植条件也有要求，恰恰是汉人那边才能种植。于是乎，这条道路上在贩卖马匹的基础上又加入茶叶进行调剂，当然，还有一些小种类的商品，"茶马古道"一词得以出现。

但是本节开头为何要讲马殷赋予了这条贸易古道新的含义呢？恰恰是当时的形势格局所奠定的。原本茶马古道走的是川藏线，也就是中原通过四川地区进入青藏地区进行贸易，但是，此刻此路不通。为何？我们不妨看看如今中原的主人是谁，四川的主人又是谁。中原如今是后梁朱温当家，而四川地区盘踞着一个和朱温很不对付的军阀——王建，所以朱温要想走四川这条线做生意，俩字，没门！

不光青藏地区走不了四川这条线，云贵地区也很难走这条线了，四川地区隔绝中原的局面恰恰就便宜了马殷，马殷所占据的湖南大地成了连接北方和云贵地区的唯一纽带，而他也正好是朱温的忠实小弟。

如此一来，一条天然的贸易航道出现在了马殷的国土之上，云贵地区的宝马通过楚国进入中原地区，朱温借此组建骑兵，对抗北方李存勖的沙陀军。而和马楚一样，臣服于后梁的吴越、闽国政权，也由于江淮集团的阻隔，使得朝贡北方只能绕道马楚国内。

这么一来，茶马贸易的马这一项大头是有了，另一项大头的茶也不动声色地发展了起来。饮茶这一风俗曾经在很长一段时间内，被论证为是中国起源的，但根据后来地理大发现后，西方的人开始发现在世界其他地区也有着饮茶风俗。只不过，有一点和中国相异，即中国是最早开始人工种植茶叶并形成饮茶习惯的，而其他地区即使是饮茶，也多半是饮自然界的野生茶。

而人工种植茶叶则需要考虑到一些气候、水热等条件，如前文所说，不是任何地方都能种茶的。一般说来，种植茶叶需要满足以下几个条件，常年温差不能过大，雨量充沛；如此一来，中国地区只有被亚热带季风性气候所覆盖的秦岭淮河以南，五岭以北、青藏高原以东的地区才适合。

而人工种植茶叶就在这片区域中繁盛开来，至于起源地，也出现了两个说法，一是"蜀中说"；二是"江东说"。"蜀中说"最早可追溯到先秦，据东晋常璩所撰《华阳国志·巴志》载：巴子国"土植五谷，牲具六畜。茶、蜜、灵龟、巨犀、山鸡、白雉、黄润鲜粉，皆纳贡之。其果实之珍者，树有荔枝，蔓有辛蒟，园有芳蒻、香茗"。芳蒻是一种香草，香茗指茶。这里记载了此时的茶叶已是人工种植，并非野生了。

而"江东说"则相对晚一些，要推迟到三国时期，《三国志·吴书·韦曜传》有"密赐茶荈以代酒"，这种能代酒的饮料当为茶饮料，足以证明吴国宫廷已经饮茶。但是当时因为相对隔绝，而两汉时期饮茶也没有大盛，所以两地都可以纳入起源地区，属于"多源头"争议。而茶叶大盛起于两晋时期，当时占据中国北方的是游牧民族，而胡人长期肉食正需要茶叶进行调剂。加之东晋建立在原来孙吴的版图之上，孙吴饮茶的习惯也顺带传了下来，所以彼时长江南北一时之间饮茶之风大盛。

到了隋唐时期，饮茶进入了一个全盛时期，一代茶圣陆羽就诞生于这一时期。而相比于蜀中茶，江东茶虽然起步晚，却格外得到北方人的青睐，其中江东茶中的一种绝品——"阳羡茶"成了唐朝宫廷御用，与杭州龙井茶及苏州碧螺春齐名，时人称赞道"天子未尝阳羡茶，百草不敢先开花"。

但是，到了五代十国时期，茶叶供给同样出现了极为尴尬的一幕。当时"蜀中茶"的产地和"江东茶"的产地分别为朱温的两大死敌王建及杨隆演所占据，要给老朱进贡，这两人只能说门都没有。这恰恰正中马殷下怀：你们不进贡是吧，咱给朱老大进贡茶叶啊。

马殷所占据的湖南地区恰恰也是一个适宜种植茶叶的地区，虽然说湖南地区茶叶的口感要次很多，但聊胜于无啊。于是乎，在进贡马匹的商路上，茶叶这一大头也添加了进来。而且，作为马殷"茶马贸易"的掌舵手，高郁可谓是有着资本主义市场经济的前瞻性，考虑到千里迢迢从国内将茶叶加工好再运输到北方会浪费不少成本，于是他建议马殷，在后梁的开封、襄阳，唐、郢、复等州设立商业据点，集中将楚国运送过来的茶叶进行处理和分散销售，大大减少了之前运输方面的成本。

这一思维模式，放在近代史上，就和资本主义列强由产品输出转而为资本输出，在商品倾销地投资办厂有着高度契合之处啊。单从这点来看，高郁这人的商业头脑绝不一般。由于蜀中和江东地区不再供给茶叶给北方，所以湖南输送来的茶叶价格被炒得很高，马殷由此赚了大大的一笔，而这一进项也成了马楚国库的重要来源之一。高郁看到这潜在的巨大商机，又趁热打铁，建议马殷放开民间茶叶贸易的把控，鼓励楚国的百姓们种植茶树，自发进行茶叶交易，把茶叶销售给北方来的商旅，然后向百姓们征收商业税。

商品经济在高郁执政时期在湖南地区得到了空前发展，北宋商业大兴的成绩也恰恰是在南方诸国大力发展商品经济的基础上所取得的。相比于只能在军事上出谋划策的老前辈张佶，高郁的内政功力要远胜诸多。顺带提一下张佶，在朗州雷家被消灭后，马殷将这位老前辈打发去了朗州做刺史，从此便再未于史书中留下笔墨，直到死在任上。可是值得玩味的是，在马楚王朝后来崩溃时，主导湖南后期局面的恰恰就是一批从朗州出来的将帅，而这一切是否与张佶有关，我们已经不得而知了。

但要说到发展经济，当时的情况下可不光马殷有意识到。在他东面的邻居江淮集团，也在一代名相宋齐丘的主导下，进行了一场税收改革，主要针对封建时代的支柱性产业——农业经济。（具体可参看《十国春秋之乱世圣主徐知诰》一书相关章节，这边就不赘述了）

二、"江西王"的闹剧

就在马楚和江淮集团铆足力气飙经济的同时，战争却不可避免地再次在这两国之间爆发了。这一次，作为江淮集团的新附地——江西地区发生了一次叛乱。

让我们把时光轴拨回到江西钟家覆灭之后，当时的江西地区名义上虽然臣服于江淮集团，但昔日钟传并未对整个江西地区进行过大一统，所以出现了三股相对独立的势力，分别是赣东的危氏兄弟，赣西的彭氏兄弟，还有赣南的谭全播、卢光稠二人。

这个时候，江淮集团的一把手虽然是杨行密次子杨隆演，可实际掌舵人却是权相徐温。相比杨行密麾下的其他将领，徐温崛起得相当之晚，以至于他的政敌李遇曾猖狂地说道："我以前怎么就没见过徐温这号人呢，怎么突然就身居高位了？"

试想一下，连自己内部的人都这么瞧不起徐温，那作为外人，自然更有理由轻视他了。而江淮集团在杨行密死后连吃了马楚两次败仗，这更加动摇着夹在杨马两家之间墙头草般军阀的决心。

抚州刺史危全讽就是这么一个人，他曾经在杨行密龟缩宣州之际接济过杨，还是江西地区上一任盟主钟传的亲家，钟传之子钟匡时就是他的女婿。所以无论是为了杨行密，还是为了钟传，危全讽都有十足的理由要摆上徐温一道。

于是乎，危全讽联合弟弟信州刺史危仔倡意图"倒徐"，而这一点，身处赣西袁、吉两州的彭彦章及彭玕也同样有想法，四位小军阀一同起兵，兵马居然也达到了十万。更因为早先我提到的彭玕早就与马殷交好，所以马楚国也是顺理成章地介入了此次战争。

也许前两次和江淮集团的交锋让马殷一时间有些忘乎所以，全然忘却了当年在杨行密追击下是逃得如何狼狈。他似乎觉得自从杨行密死后，南方的霸业就该由自己继承了。但是令人费解的是，此次马殷派遣的领军将领是个名不见经传的小人物——苑玫，而出兵的部队数量史书中也没有交代。

是马殷对于解决危全讽此次闹事十拿九稳，抑或是想再收一把渔人之利？对此我们已经无法知晓了。后梁开平三年（909）六月，战争在洪州外围打响了。由于江淮集团在江西地区驻守的兵力不足，所以危全讽的联军很快将时任江西战区最高统帅的刘威围困在洪州城中。

这位刘威可是在杨行密病危之际呼声最高，最有机会接替杨行密执掌江淮集团的。所以危全讽深刻明白击杀刘威的影响力，当然，他同样也知道刘威的危险系数。刘威似乎也吃准了危全讽此刻的心理，故作淡定地每天在洪州城头摆下酒桌，吃肉喝酒，感觉城下这点危机他足以应付。

危全讽几番权衡之下，选择了围而不攻，意图让城中自行瓦解。江西局势的危急让徐温不得不调用猛将周本领军驰援洪州战场。因为徐温深刻地明白，在江淮集团连番政治动荡下，如果自己不能打出一场漂亮仗，那等待江淮集团的将会是雪崩式的坍台。江西能否守得住两说，自己的生命也将面临威胁。

而这个时候徐温没有选择任用自己的心腹，而是挑中了周本，这其中也颇有一番玩味。徐温作为后起之秀，在杨行密老一批的小弟中并不起眼，而周本此前刚在与吴越交锋中铩羽而归，此时任用他便是示恩，有利于自己提升在老将们心目中的地位。同时，徐温也希望借重用周本的举措，打动在郭威心头的疑虑：我可以毫不避讳地起用周本，我也同样会无所保留地救助你，所以你务必努力！

周本的到来确实让郭威吃了一颗定心丸，望着驻军在象牙潭一带的四州联军，周本心生一计。他命令军中老弱士卒渡河进击，危全讽不是宋襄公，自然懂半渡而击的道理，于是下令全军出击。殊不知这只是周本诱敌深入的计策，眼看危全讽全军都已渡水而来，周本也不再隐藏，将主力部队全部派上，这一回轮到危全讽尝尝半渡而击的滋味了。仅这一战，危全讽号称十万的联军就被杀得七零八落了。除却西边彭玕的主力军有所保存外，洪州城这边的部队基本被荡平。主帅危全讽及袁州刺史彭彦章在战争中被俘虏，危全讽弟弟信州刺史危仔倡侥幸杀出一条血路，逃往吴越国内去了。

此时，江淮集团的湖北战区，米志诚及副手吕师造也率军南下，从西北角切入到江西境内，将马楚国和彭玕的联合部队在高安一带击溃。眼见大势已去，彭玕也是脚底抹油，带着数百口宗族子弟西行投奔马殷去了。

只不过，由于历史记叙者立场的不同，彭玕被收入到马楚方面的史书中时，就多了很大一笔戏份。说当时老彭很有骨气，战败后没有想着立刻跑路，反倒是请了一位法术高强的仙师刘守真助阵，呼风唤雨阻碍江淮部队行军，但后来刘仙师因法术用尽，最后力竭身死，彭玕才不得不流亡马楚。

兜兜转转说了半天，最后还是回归到一个结果上，除非大家真愿意相信老彭遇上仙人了，否则明眼人都能看出史书为何写这一笔。不过逃到楚国境内的彭玕受到了马殷上宾之礼，甚至还划出郴州让彭玕做刺史，更让自己儿子马希范迎娶了彭玕的女儿，与之结成了儿女亲家。

塞翁失马，焉知非福。彭玕丢掉吉州转而投奔楚国的时候谁又能预知有此等天降之福？然而，祸兮福所倚，彭玕的到来冥冥之中似乎也给马楚埋下了隐患。一次是发生于马楚王朝中期的一场叛乱，而另一次，则要牵扯出此次西奔的人群中一位名不见经传的小人物刘言，而他的名字将镌刻在马楚王朝终结的历史上。

当然，说完了彭玕还得提一下其他卷入这次战争中的人物。首先便是罪魁祸首危全讽，这厮被江淮集团生擒后便扭送到了扬州，考虑到他曾有恩惠于杨行密，倒也捡回了一条性命，但如此的心理落差之下，危全讽只能是越想越气，最后抑郁而终了。记得当初危全讽起兵之时还叫嚣："徐温中人之才，尚能自立为淮南王，吾何得不为江西王？"可此番交手，天下人都知道这自以为是的"江西王"究竟几斤几两了。

袁州刺史彭彦章也被俘虏了，不过与危全讽相比，他倒是很识时务，很快就融入了江淮集团，并在后来吴越入侵战中为国捐躯了。而逃亡吴越的危仔倡日子也不错，他的后人改易元姓，竟然出了一个吴越国的大宰相。

而战争最大受益者徐温，通过这场战争基本完成了三项举措；其一，增强了自己执政的公信力，让江淮集团在内部震荡后重新走上了正轨，顺带收揽了周本、刘威等老将之心。其二，真正意义上掌握了江西地区，除了虔州的卢光稠外，江淮集团已经能有效掌握江西境内其他州郡。其三，挫败了马楚的入侵，遏制了马殷争夺南方霸主的野心，这让吴楚之间的攻守态势再次为之一变。

至于马殷，你要说他在这场战争中输得一败涂地倒也不尽然，毕竟苑玫所带的兵力就是一个谜团。而让他感受到有些不悦的可能就是老彭倒台，自己在江西的势力被铲除，以及徐温操盘之下，江淮集团的战斗力又恢复如初了。不过，这段时间马殷也没空在东线集结兵力，因为北边、西边、南边都开始躁动不安起来。

先说北边，此时荆南节度使高季昌虽然是朱温的手下，但是这家伙脑子有些秀逗，居然敢抢马殷进贡给自家皇帝的东西，还时不时骚扰马殷的茶马贸易。他怕是不知道当年自己的老板朱温就是因为搞了杨行密上万斤茶砖才让杨行密一怒之下在江淮一带打掉朱温数万人马的。但马殷毕竟不是杨行密，高季昌也不是朱温，马殷上书给朱温谴责了一下高季昌，这事也就过去了。

毕竟高季昌这个癞皮狗就算再怎么放肆他也是朱温的狗，打狗是要看主人的。但西边和南边的军事冲突可就没这么容易解决了。如果将马楚这个政权和今天湖南省比较下，我们就会发现，两者之间的所辖面积差异还是蛮大的。尤其是马楚建国初期的这段时间，除了在湖南地区的领土，马殷还把手伸到了岭南地区，占据了广西大部和广东部分领土。但是，在今天湖北省的北部和西部，最早是不属于马殷管辖的。

经过和湖北几大军阀的一系列互拼，马殷艰难地拿下了岳州、朗州等地，也基本让版图控制到了今天湖南的常德、张家界、岳阳等市，可湖南狭长的西部地区，此刻还不在马殷手中。

这块地区大致是今天湖南的湘西土家族苗族自治州和怀化市，以及贵州的黔东南一带。从今天的民族成分来看都知道在这地区，少数民族的比例是很高的，更遑论千年之前了。在今天的湖南湘西，少数民族中比例最高的是苗族、土家族和瑶族，可在那时，土家族还未彻底分化出来，所以苗族、侗族和瑶族是湘西一带最大的少数民族势力。我们之前提到的雷彦威家族就是苗族雷氏一脉，而被李琼南征斩杀的前道州刺史蔡结就是瑶族首领。

虽然有此二人的前车之鉴，但是湘西地区的少数民族似乎对于马殷这个邻居兼长官还是很不待见。梁开平四年（910）十二月，叙州（今湖南怀化市靖县）一带的酋长潘全盛勾结辰州（今湖南怀化沅陵）的酋长宋邺一起发动叛乱，扰乱马楚的西部边境。

这个时候，我们之前提到的江淮集团降将吕师周再次披挂上阵了。前面说过，这个吕师周在投靠马楚国后就做了两件大事，一件是领导楚国军队南征击败刘隐，夺下了岭南大片疆域。第二件事便是此次出征湘西，时任昭州刺史的吕师周被调回衡州，领军五千西征湘西一带。

根据就近原则，吕师周先将目光瞄准了叙州的潘全盛，稍一交锋，潘全盛便带着手下的士兵逃到老巢飞山顶上去了。可是他不曾想到，吕师周这次带来的五千兵马都是擅于山地作战的特种兵，见贼军撤至山顶，吕师周这边一声令下，手下人马趁着夜色攀岩而上，一下子杀到了飞山顶上的潘兵老巢。潘全盛还在睡梦之中稀里糊涂就被俘虏了，而后，他和副将杨承磊一同被送往武冈军营斩首示众。

叙州潘全盛被杀的消息极大地震撼了同伙辰州宋邺的内心，还未等吕师周率官军杀到，宋邺便率部投降了。此次战争前后持续了一个月不到，吕师周又一次创造了奇迹，可诡异的是，之后吕师周便再也未能给楚国创造奇迹了，一句"周后以病卒"草草交代了这位传奇名将的最后结局。

假如吕师周能够挨到一年后并参与到再一次的岭南战争中去，也许整个南汉国抑或是马楚国的历史都将改写了。

三、再战岭南

解决了北方和西线的战事，马楚的南疆又燃起了战火。先来说说此时岭南地区的形势吧，在刘隐与马楚鏖兵战败后，岭南地区的形势再一次出现了混乱。由于损失了大片广东地区的领土，刘隐集团的日子并不好过，北方江西虔州的卢光稠也趁火打劫，杀向了广东。

之前提过，钟传死后，江西地区涌现的三股小势力，除了在之前那次危全讽叛乱中被荡平的两拨，剩下的便是虔州的卢光稠。而卢光稠趁着刘隐与马殷交锋失利的当口，越过南岭，拿下了广东地区的韶州，一下将势力范围拓展到刘隐眼前。

刘隐接二连三遭遇挫折，眼看老爹留下的家业就要被自己败光了，他越想越气，一气之下就一命呜呼了。由于刘隐生前没有子嗣，刘家的基业落到了刘隐弟弟刘岩的手中（很类似孙策和孙权的传位方式），这个刘岩也是个奇人，关于他的神奇人生，等以后开讲岭南政权的时候我会重点展开，由于这本书是马殷的主场，所以就不让刘岩来抢他风头了。

刘岩接下老刘家的烂摊子时面临的首要问题便是生存危机，西面庞大的马殷暂时可以先放一边，眼前占据着韶州的卢光稠却不能不管。恰巧此刻卢光稠病逝，他的儿子卢延昌刚刚接班，地位不稳。"父债子偿"，既然卢光稠死了，那刘岩毫不犹豫地就拿他儿子开刀了，加上卢延昌患上了当时军二代的通病——耽于享乐，所以在和刘岩的战争中一败涂地，很快就丢掉了韶州。当时驻守韶州的卢家旧将廖爽不愿意归降刘岩，也不敢回去受罚，便带着残部逃亡马楚国内。

但是似乎廖爽不请自来的行为让马殷有些反感，马王爷并不欢迎廖爽入境。毕竟，回顾以往，我们可以发现这么个规律，但凡马殷要接纳的落魄将军必须具备以下三项条件之一：一、归降要有砝码，比如邓进忠投降就是献了岳州；二、自己军事水平得过硬，比如吕师周就非常能打；

三、因为给马殷出头而无路可走的，前不久的老彭就是这个情况。可是审视下廖爽这个人，纯粹是三不符啊，那接纳他干吗？

这个时候有一位不知名的官员就劝说马殷了："大王，咱们可不能这么势利啊。廖爽来投这是成就你虚怀纳士的美名啊，如果非要找点利益，那您看这'廖'和'料'同音，这马得草料必肥啊，这是上天赐予大王的礼物啊！"

马殷经此一点拨，当下茅塞顿开，接受了廖爽的归降，还很大度地将其封为永州刺史，坐镇一方。也许真如那位官员所言，廖爽的投奔确实给马殷带来了福运，不谈后来他的子弟在马楚王朝的贡献，单就当下，便又触动了另两位大佬的投诚。

让我们此刻审视下整个岭南地区的版图，看看目前还有几支势力鏖战在此吧。首先看广东地区，广东地区此时有四支势力，其中最强盛的是马殷，毕竟之前和刘隐一战斩获颇丰。马殷的版图大致在广东的西北一部，而后便是实力第二的刘岩，他在吞并了韶州后占据了整个广东的北部和东部。在刘岩的南面，是新州刺史刘潜，他所占据的地方相对狭小，仅是今天广东的南部三角洲一带，大致是深圳、珠海、香港、澳门一带；当然，那个时候的珠三角可是穷得响叮当。最后便是高州刺史刘昌鲁，他夹在广西广东之间，当时整个海南岛是属于广东管辖的，而刘昌鲁正是名副其实的岛主。

说完了广东，再看看广西，广西也是四支势力，势力最大的依旧是马殷，其次是占据今天广西崇左、钦州一带的叶广略；再则是盘踞交州一带（今天越南北部）的曲颢；最后则是夹在刘昌鲁和叶广略之间的最弱势力庞巨昭。

眼看着刘岩即将像其兄长刘隐一样要吞并整个岭南地区，弱小的庞巨昭和刘昌鲁都动了心思要去找靠山。首先来说庞巨昭，老庞是原来唐朝政府委任的容州刺史，可后梁建立后，各地军阀都连升一级，庞巨昭也摇身一变成了宁远节度使，虽然他的地盘没有增长。

两年前，刘隐曾经兵临容州城下，也一度打得庞巨昭险些要投降，可赶巧的是刘隐突然和马楚打起来了，这一打便是一溃千里，庞巨昭得以继续做他的土皇帝。眼下他看到廖爽这个败军之将都在马楚混了个刺史当，按捺不住心头的激动，他也选择投诚了。于是，马殷便委任此时毗邻庞巨昭的容州澧州刺史姚彦章率所部八千人，前往招降。姚彦章就是之前我提过的曾经建议马殷南征的将军，此时在马楚岭南地区内算是最有分量的人。

但是，就在姚彦章带兵南下之际，庞巨昭的手下莫彦昭却突然灵机一动，他建议庞巨昭趁着姚彦章远道而来，于山谷间设下埋伏，将这伙楚兵一网打尽，而后砍下姚彦章的首级投降江淮集团。因为在当时所有人眼中，能够主宰中国南部未来命运的，只可能是马楚和南吴（此时江淮集团已经正式更名为南吴国了），而从实力上，南吴更强一些。

此时老庞也犹豫了，既然拿捏不住，那就凭天断呗。老庞拿出了自己压箱底的绝学——占卜，给马楚和南吴都占卜了下国运，得出这么三句话"三羊五马，马自离群，羊子无舍"。什么意思呢？就是说杨行密和马殷的子孙情况，杨家自杨行密之后有三位主君（杨渥、杨渭、杨溥），而马家在马殷之后还有五位君主（马希声、马希范、马希广、马希萼、马希崇）。马家最终的归宿是"离群"，就是说会离开湖南地区；而杨家最终归宿是"无舍"，那就是连家族都没法保全。

所以对比之下，傻子都知道谁的运气好了，而庞巨昭为了能够确信下，他又占了一卦，这次占的是马楚的国运，竟然发现有足足五十年之久。那还说什么呢？他否决了手下的所有建议，安安稳稳地带着家人及财产，投降了马殷。

庞巨昭带着家眷喜滋滋地去了长沙，而姚彦章则兼领了容州刺史和宁远节度使一职，防备刘岩的进犯。而此时与庞巨昭毗邻的刘昌鲁也同样给马殷递交了降表，要求归附。刘昌鲁的经历很丰富，揍过黄巢，打过刘隐，却眼看着大唐成了后梁，自己归路无着，也就只能找大腿抱了。和庞巨昭一样，不久刘昌鲁也带着家眷和部曲来到了马楚国的首都长沙。接连吸纳了两位军阀，马楚的地盘已经呈现爆炸式增长，此时岭南地区有近一半的领土掌握在马殷手中，甚至包括了海南岛。这一刻，马楚的疆域达到了建国史上第一次巅峰时期。马楚的版图变化不大，就两次出现剧增，一次是马殷在世时的染指岭南，还有一次便是马希范在世时的夺下湘黔地区。

这时的马殷，足够有理由高歌一曲："无敌，是多么寂寞；无敌，是多么空虚……"毕竟，此时他的版图已经超过了同时期的南吴，成了南方面积最大的政权。但是很遗憾，这样的版图马殷保持了一年都不到。

后梁乾化元年（911）十二月，摆平了珠三角地区的刘潜后，刘岩终于准备找马殷一雪前耻了，这一次，他将进攻目标定在了容州。而驻扎容州城内的，便是此时马殷在岭南地区的一把手，姚彦章。

李琼也许很凶残，但他死了；吕师周也许很能打，但他不在。秦彦晖、许德勋虽然也不弱，但岭南战场他们不熟。姚彦章虽然听着很厉害，可是稍一接触便龟缩在容州城中等待援军了。很快，马殷的援军便到了，领兵的是许德勋，在之前的几次战役中有胜有败；但是这一次，面对来势汹汹的刘岩，似乎许德勋又回到了当初灰头土脸撤出岳州城的状态了。

没能成功解围的许德勋带着姚彦章就离开了容、高二州，刘岩的势力得以再次渗透到了广西地区。虽然丢了两州，可马楚在岭南地区还有相当庞大的版图，整顿兵马后，马殷决定和刘岩这个小娃娃继续把战争打下去，看谁耗得起！

眼看岭南地区的战火怕是要越烧越旺，此时作为中原皇帝的朱温开始发挥作用了。乾化二年（912）四月，朱温派遣使者向交战双方——马殷和刘岩分别授予官职：马殷官拜洪、鄂四面行营都统及一连串节度使，刘岩则被封为检校太保、同平章事。

这次授衔之后，朱温也要求马殷和刘岩实行全面停火，以确保双方不再爆发大规模战争的可能性。毕竟，南方臣服属国在朱温眼中的地位不过是豢养来撕咬南吴王朝的猎狗，你几时见过猎狗窝里斗、狗咬狗的？

马殷一贯对朱温服帖，当下就答应了，刘岩虽然一百个不愿意，可眼下形势要比人强，广西地区还有个叶广略和交州一带有个曲家需要自己去征服，不想无休止地和马殷做纠缠。于是，双方握手言和，自四年前刘隐战败后，到如今刘岩稍雪前耻，马楚和岭南之间的交锋算是暂时告一段落了。同时为了显示停战的诚意，马殷还把自己的女儿嫁给了刘岩，收了这位晚辈做女婿，也算一长颜面。

看到这里，大家似乎还有点小疑问，马殷为何就如此愿意给朱温买账。其实就在前不久，马殷讨要到了一项别国都没有的殊荣——天策上将。

四、天策上将

熟悉唐朝历史的朋友们对于"天策上将"一称必然不会陌生，这是当年唐太宗李世民的得意之笔。唐武德四年（621），洛阳城外，李世民灭窦摧王，一举消灭了窦建德、王世充两大军阀，名震天下。

李世民立下了如此军功，李渊却犯了愁，毕竟儿子已经封爵秦王，诸侯王之上可就封无可封了。好在前朝早有先例，尔朱荣跋扈时，北魏封了他为天柱大将军；侯景乱政时，萧梁也封了他为宇宙大将军；所以李渊也另辟蹊径，加封李世民为天策上将军，这是前无古人的一号。当然，纵观整个李唐王朝，这一封号也是后无来者的，因为有了这个封号，就可以堂而皇之地开府，建立自己的内阁小朝廷。

东边的小老弟徐温（徐温年幼马殷十岁）坐镇西府（金陵），俨然就有一副小朝廷的样子，所以马殷也想开府。而且，臣服朱温的小弟那么多，自己总得有个与众不同的东西吧？多番因素合力之下，马殷对于天策上将这个封号势在必得。而朱温也看得很开，马殷虽然臣服于自己，但扪心自问，自己对湖南地区也并没有十足的掌控力，索性也就成人之美了。

拿到天策上将的封号后，马殷就开始正儿八经地开府了，自己的两个弟弟，马賨和马存分别担任左右丞相。而当年李世民的天策府最为出名的要数房玄龄、杜如晦等十八学士了，这边马殷也有样学样，搜罗了一帮文化人进了自己的天策府，当然，数目肯定不止十八位。到马殷儿子马希范当政时为了一切向李世民看齐，才精中选精，挑了十八位。只可惜，这十八位学士也并没有全部青史留名，《十国春秋》的《楚传七》中重点挑选了其中几位进行了讲述，我们也不妨稍微了解下。

首先排在第一位的叫拓跋恒，这个人的名字有些怪异，因为根据常识，北魏孝文帝汉化改革后，原来鲜卑的拓跋姓都改为汉姓元了，比如后来著名的诗词大咖元稹、元好问。那么，拓跋恒何故又突然改成少数民族老姓了呢？后人分析大致有两种可能，一种是拓跋恒是西魏北周这一脉过来的，因为西魏早年间在宇文泰的操盘下掀起过一场"砸掉一切汉文化"的运动，不少鲜卑勋贵都被改回了老姓；连汉人宿将都未能幸免，李渊的祖父李虎就改为大野氏，而杨坚的父亲便是普六茹氏。所以拓跋恒有此姓名很可能便是当时的西魏皇室一脉，当然，也有另一种说法，说拓跋恒改姓是为了避讳马殷的父亲马元丰的名讳。

拓跋恒因为年纪轻轻就才学出众而被马殷赏识，此时官拜学士兼仆射。而后便是徐仲雅，他是个半侨民，祖父那一辈是关中人，他同样是一位后生才俊，被招募为学士的时候才十八岁，写得一手好诗词。

而其他几位现在也是声名不显，我们先将他们按在一边，以后会有他们各自的故事。回过头来，天策府的建立也许是马殷一时性起，想和隔壁的徐温争一下高低，却无形之中推动了楚地文化大兴。宋朝名震天下的四大书院，南方就占了两席，一个便是南唐境内的白鹿洞书院，还有个则是马楚境内的岳麓书院。

也恰恰因为这一段时期内，马楚的重心放在操办天策府上，且为了还朱温这个人情，马殷才同意与刘岩罢兵言和，否则以目前马楚在岭南地区的版图来看，依旧是可以和刘岩分庭抗礼的存在。刘岩则也趁此机会敲掉了广西地区最后一股强大势力——叶广略。

马殷和刘岩因为朱温的威慑而握手言和，但出人意料的是，朱温却在不久之后一命呜呼了。原来，朱温这家伙到了晚年真是胡作非为，沉迷于"爬灰"事业，还想以儿媳妇的床上功力来择出继承人。义子朱友文的妻子风情万种，是朱温喜欢的类型，于是朱温就放出话来要立朱友文为储。

义子抢班继位，朱温的几个亲儿子自然不能坐视不理，其中反应最激烈的朱友珪直接把心一横，做出了弑父的勾当，当然，也抢来了皇帝宝座。对于马殷及其他南方藩属国来说，只要后梁这块招牌不倒，那么谁做皇帝都一样，既然朱友珪做了第二任皇帝，那就膜拜他吧。

就当马殷决定派遣使者入朝祝贺朱友珪登基时，东线新一轮战事又爆发了。这些年由于朱温的教唆，以马殷、钱镠为主的泼皮邻居没少找南吴麻烦。而且南吴管家徐温做什么，马殷都有样学样：徐温搞税务改革，马殷就做茶马贸易；徐温江西拓土，马殷就岭南鏖兵；徐温营造西府，马殷就开办天策府。

反正徐温搞什么，马殷就学着搞什么，而且还不遵守相安无事的法则，动不动给徐温找茬。此时徐温已经处理完这些焦头烂额的内忧外扰，基本让南吴王朝走上正常轨道了，而当年惹是生非的一干邻居，徐温也决心好好问候下了。

在和吴越互有胜负地交手几招后，徐温将目光瞄准了马殷，多年的滋扰是时候该轮到马殷偿还了。这一次徐温派出的这名将领，在马楚王朝和南吴交锋的战争史中可以算是一位令马楚全体将领闻之色变的名将，因为但凡有他参与的西征行动，马楚这方无一例外是被压着打的。这个人对于马楚的影响就等同于岳飞对于金军的影响。说了这么多，很多人一定很好奇这个人是谁了。这个人叫陈璋，一个普通得不能再普通的名字，但他所做的那些事，注定不凡！

要是翻看陈璋的履历，我们会发现，陈璋和马殷还是同出一脉，都在当年孙儒的土团白条军中服过役，至于官职上谁大谁小不好说。但从目前的地位来看，马殷无疑是那批人里面混得最好的。可有时候却也很讽刺，一个人的成就也绝非单单一个地位就能决定，马殷是主君，但放在十国大乱世中，他也未必是一流的。陈璋虽然是将领，但是淘尽那时期的一批将军，陈璋无疑是最耀眼的之一。

在孙儒被剿灭后，他的余部各寻出路，马殷、刘建锋选择了逃亡，柴再用等人选择了归附杨行密，而陈璋则成了投靠钱镠的一员。陈璋很有本事，但钱镠却似乎并没有意识到这个有本事的人，而是将他打发到今天浙江金华、衢州一带。那时候不比现在，陈璋所在的那块地方是当时浙江地区最穷的地方，郁郁不得志的陈璋不知道当时的心境是怎样的。但从他后来的行为来看，他肯定恨透了钱镠。

那一年，浙东地区掀起了整体反抗钱镠的浪潮，就连杭州外郊一带，也被与陈璋同属孙儒残部的义军所占据。望着如火如荼的形势，陈璋也心动了，而后杨行密派遣手下陶雅带领军队介入了这场战争，等到战争进入高潮时，陈璋凭借出色的作战能力，已经成了陶雅的副手，浙江各地义军中的翘楚。

可历史终究是充满戏剧性，随着杨行密的病逝，形势朝着越来越不利于江淮集团的走势迈进，于是陶雅带着陈璋，灰溜溜地撤离了浙江地区。而后陈璋便一直作为陶雅的副手，参与到南吴王朝的军事要务之中。

但陶雅也在前不久染病了，所以陈璋开始代替陶雅，活跃在南吴王朝的一线将领之中。此次徐温更是破格任命陈璋为西征军的主帅，目标便是马楚的岳州。时隔多年，马殷似乎已经记不得以前战友里还有个叫陈璋的，可是陈璋的首战就震慑了整个马楚王朝。

乾化二年（912）十一月，陈璋所率的先头部队一马当先，几乎不费吹灰之力就再次拿下了岳州，还把岳州刺史苑玫给俘虏了。这个苑玫就是之前马殷派去江西搅局的领军人，而他出现于史料中就仅此两次，还都是不光彩的形象。

距离上次江淮集团陈知新赶走许德勋占据岳州已经好多年过去了。这一次陈璋入境干的第一票就让马楚有种芒刺在背的痛感。而与此同时，驻守南吴江西地区的刘信更是在进行总动员，有种大举西进的意向。

这个时候，马殷的一线将领，许德勋和姚彦章都在之前岭南之战中铩羽而归，秦彦晖也垂垂老矣，所以只能起用二线将领御敌。水军都指挥使杨定真很快接受了驰援岳州的命令，为啥说此人是二线将领？因为他在史书中就做了一件事——驰援岳州，史书也就给他提了一句话。

既然是二线将领，那在陈璋面前几乎是和倒霉蛋苑玫一个级别的，但杨定真运气特好，当他到达岳州战场时，发现陈璋已经撤离这了，所幸没成为陈璋的第二个俘虏。

陈璋突然消失在了视野中，马殷很困惑，但不久之后，马殷的邻居荆南节度使高季昌发来了求援信。原来，陈璋在拿下岳州后，并没有选择南下和马殷交锋，而是西进攻打荆南。或许在陈璋眼中，荆南的高季昌与马殷相比是个软柿子；又或许，徐温的意图就是要以岳州为跳板，并吞整个湖北地区，切断马楚和中原后梁的联系。

说起高季昌，这些年他也不闲着，除了整天给马殷捣捣小蛋，洗劫下来往商户，还得罪过南吴。当时马头之战中，高季昌曾率领水师大破南吴李厚一万余人的部队，给南吴重重地来了这么一击。可当时南吴正值杨渥、杨隆演更替，张颢、徐温争权的动荡期，打碎牙齿也只能和血吞。现在不同往日了，徐温地位巩固，当初的怨念是该好好清算了。

当然，这些年间高季昌也不是把自己定位为一个四处惹祸的土匪，相反，他甚至有了独立的心思。修建城池、招揽流民、分田到户、发展经济，这一笔笔都向着建立政权的方向迈进。

五、汉江苍龙

梁开平二年（908）十月，后梁朝廷有位名叫梁震的大官因看不惯朱温的行径，找借口开溜准备去投西边的王建。恰巧路过荆南，抢东西轻车熟路的高季昌于是二话不说就把这位梁先生给扣了。

高季昌明面上是朱温义子的义子，也就是说算朱温的孙子辈了，梁震刚出狼窝又入虎穴，自然是心里不满，就学了徐庶进曹营——一言不发。原本在和其他诸侯争霸中阴招用尽、不顾颜面的高季昌这回却变得诚恳起来，他礼贤下士对梁震说道："先生您是四海闻名的大才子，你既然连朱温都瞧不上，又何必屈身去侍奉西边的王八（王建）？您留在江陵，季昌必然唯先生命是从。我高季昌是个粗人，江陵也是个小城，但侍奉您的心却无人可比。"

梁震见高季昌这番评价朱温，又态度如此诚恳，就决定留下来试试，但有个前提，只是作为高季昌的幕僚，而不是他编制内的官员。高季昌眼见这样一个中原大官能屈尊给自己当幕僚，是连连跪拜。这一拜，便拜出了马殷——高郁、徐温——严可求这样的高梁组合。只是梁震到死都对高季昌有着一丝怨念，毕竟堂堂一个风云人物，在别的地方宰相都唾手可得，却要窝在小小的江陵城与高季昌谋事。但怨念归怨念，两人却也是推心置腹的，梁震对高季昌无所保留，高季昌对梁震也无所不应。

朱温之死对高季昌也是一个打击，朱友珪夺了大位，意味着依靠义父朱友让裙带关系上位的高季昌突然间也成了朱友珪的异己势力。所以他开始为自己的生存考虑，借口邻州有动乱，想出兵干预，却被邻州刺史给敲回来了。

四处碰壁的高季昌开始感觉到有些孤独，毕竟以前后梁是他的靠山，朱温是他的大树，现在呢？朱友珪指望不上，而周围那些如狼似虎的军阀是否将把他生吞活剥了呢？结果还真是怕什么来什么，轻轻松松的陈璋朝自己杀来了。

虽然在此之前也曾击败过南吴的入境，但那时候正值南吴权力倾轧的动荡期，这次陈璋轻松就夺了岳州，可想而知南吴军战斗力又恢复到了杨行密时代。所以也顾不得脸面了，高季昌赶紧向马殷求援。

虽然高季昌很无赖且无耻，但毕竟是后梁的狗，同样是后梁的狗，马楚怎么能容忍他人来打自己人呢？再者，一旦让徐温拿下荆南，等于就和西边的王建接壤了，而且还把马楚和中原的联系割断了。没法给后梁上贡是小事，要是被吴蜀联合瓜分了，那马殷可真就死无葬身之地了。所以，高季昌必须得救！

梁乾化三年（913）正月，马殷和高季昌的联军在汉江口集结，这是继上次联合绞杀雷家朗团军后的再次合作，而陈璋似乎比朗团军更难对付。陈璋出人意料地再次消失在了联军视野中，后来等前方哨探传来消息，马殷才得知陈璋早已逃之夭夭了。

这是陈璋对于马楚王朝的首次亮相，虽是惊鸿一瞥，但也大大震撼了马楚和荆南。在往后的岁月里，陈璋这条汉江苍龙将继续带给两湖政权那冰冷刺骨的恐怖之感。

陈璋虽然走了，但岳州还在吴军手中，马楚势必要夺回的，而马殷再次任命老将姚彦章上阵，目标是南吴的鄂州。拿下鄂州，岳州便可不战而获，甚至还等于给南吴背后砍了一刀。马楚这边派出老将，南吴那边同样祭出了老将吕师造，老将和老将的交锋，那只能是以马楚的完败告终。继灰头土脸地撤出岭南后，姚彦章再次在鄂州城下铩羽而归。

连战失利，马殷有些窝火，好在此刻马殷在东边的盟友钱镠在千秋岭摆了南吴一道，一挫南吴军威，让南吴只能将兵力集中于东线，西线暂时采取守势。钱镠的出击给马殷打了一剂强心针，他准备整顿兵马、静候时机，再次与南吴进行一场交锋，毕竟岳州还在人家手里呢！

上天似乎很垂青于马殷，机会很快又降临到马殷头上。乾化四年（914）四月，南吴袁州刺史刘崇景举州而降马楚。这一消息让马殷亢奋了，刘崇景是南吴名将刘威的儿子，在前一年，刘威病逝，刘崇景觉得跟着徐温没什么前途，便扯旗倒戈了马楚。

刘崇景的举动在给亡父抹黑的同时也让南吴的江西地区再次出现一丝混乱，马殷不失时机地派遣许贞领军一万增援刘崇景，同时又派遣老将许德勋再次屯兵鄂州地区。马殷做了两手准备，能在江西打下一根钉子固然是好，但倘若不行，那么也可趁着南吴主力援助江西之际拿下鄂州。

但马殷似乎高估了许贞和刘崇景援军，也低估了南吴在江西地区此刻的兵力。又是熟悉的配方，又是熟悉的味道；和上次增援老彭一样，马殷军队再次遇上了老熟人——米志诚和柴再用所率的南吴军。马楚和南吴交战两次，两次皆败，许贞这一万人马算是打了水漂了。

与此同时，鄂州地区，马楚和南吴也爆发了遭遇战。许德勋手下有一个小将名叫王环，有一天晚上，他见江面上大起东南风，心里暗忖可以借着这股东风，越过鄂州城，杀入南吴地区的核心地带，如此一来必能打破南吴的谋划。

王环胆大心细，自己敲定了主意就不知会上级许德勋一声，连夜带着数百艘战舰扬帆东进，居然绕过了南吴的鄂州，来到了后方的黄州。这支突如其来的水师打了黄州守将个措手不及，黄州城的一把手马邺被俘虏，王环还顺带洗劫了黄州城。

纵兵洗劫马楚是轻车熟路了，所以能带走的基本都带走了，可是如何再次绕过鄂州安全返回，王环手下犯了难。王环有胆子来，必然有胆子回，他下令全军回军途中大张旗鼓，造成要攻占鄂州的假象。鄂州城中守军自保不暇，哪敢主动进攻，于是王环轻轻松松地返回马楚境内。

王环这次模拟陈璋摆了南吴一道，南吴军也只能暂时咽下这口气，因为，东线战场钱镠又来惹事了。南吴军奉命撤出了岳州，算是给这次长达两年的吴楚交锋画上了一个休止符。此次在两湖地区的一系列交锋，吴楚互有胜负，如果从战损比来分析，可能马楚还略高一些。但南吴时时刻刻面临两线作战，也让徐温无法全身心地投入到和马楚的争霸战中。

就在马楚和南吴酣战之际，高季昌这个死催也不闲着，他居然以"夔、万、忠、涪四州是荆南地区固有领土"为由，悍然发动了对西面强邻王建的征讨。

梁乾化四年（914）春，高季昌大起战船，溯江西上，时任夔州刺史的蜀将王成先便急忙向上级镇江节度使王宗寿请求调拨战甲。可是王宗寿早年间和王成先有私怨，没有发放战甲，反而给了白布，像是提前给王成先发丧了。

但王成先能做上一州刺史也自然有他的本事，点齐本部人马就和高季昌开战了。高季昌下令对蜀军战船放火箭，这一招高季昌对南吴用过，对马楚也用过，可谓屡试不爽。但王成先却派手下张武领着一群善于泅水的蛙人下水将高季昌的战舰凿沉，加之风向突变，火势突然朝着高季昌这边烧来。

混乱之中的高季昌只得乘坐蒙上牛皮的艨艟，在乱军中突围。可是艨艟能挡得住射来的飞矢，却扛不住炮石。蜀军的船炮一炮就打折了高季昌逃命的艨艟尾翼，高季昌只得灰溜溜地再次换舰，狼狈逃离战场。

这次高季昌折兵五千，对于他这样的小体量军阀来说，已经是伤筋动骨了。在那之后，高季昌消停了好一阵。但是击败高季昌的王成先非但没有得到嘉奖，反而因为告发王宗寿而被王宗寿秘密杀害了。也许，前蜀衰败的内政从此刻已经初现端倪了。

长年累月的战争让交战各方的经济都出现了严重的赤字危机。钱镠解决经济危机的方式是开河道、修水利，让苏湖两州成为吴越乃至整个天下的粮仓。南吴占据江淮盐利之便，加上农业经济的底子厚，宋齐丘的税制改革得当，经济也在飞速发展。蜀国占据天府之地，自给自足倒也过得富足，可马楚由于经济底子差，虽然有茶马贸易保驾护航，但也扛不住经年累月的战争啊。

这时候，理财能手高郁再次给马殷出了一个主意——在货币上下功夫。自从商品结束了"物物交换"的时代后，货币作为一般等价物便产生了与生俱来的魔力。马老板开创支付宝，用电子货币革新传统货币无疑是划时代的壮举。而在千年之前的马楚，高郁也有了一次划时代的壮举。五代十国是个大乱世，各国都开始铸造自己的货币，这样一来，在商品流通过程中出现了一个问题——如何核定汇率？我们现在研究古代货币的购买力往往是以大米作为一般等价物去衡量的。根据一个王朝在一定时期的米价均值来看出这个王朝的各项经济指标。但这是后人去研究采用的方法，且是纵向的。可是彼时各国的米价不恒定，货币也不同，那么这横向之间产生的汇率问题就是一个相对头疼的问题。

换言之，谁能解决好当时各国货币的汇率问题，谁便能攫取一大笔意外之财，而高郁恰恰就是这样一个商业天才。以往的中国历史长河中，货币主要是以铜铸造，偶尔出现铁钱，但那是经济崩溃的前兆。因为大家的潜意识里，货币也是要具有价值的，金银虽然不作为流通货币，但在历朝历代也是一种外贸进行时中外所认可的货币，其原因就是金银有着自身的价值。而铜也一样，古代中国产铜少，所以铜的价值也不低，但是高郁却突发奇想，以湖南地区所特有的铅铁为材料，铸造新的货币。

这下子人们很费解，虽然铅铁是湖南地区特有的东西，但是它没有价值啊，你用一种没有价值的东西去做货币，能成吗？是的，如果我们永远以这种思维去看问题，那么宋朝不会出现纸币，支付宝也不会打开市场。毕竟，纸和虚拟货币有什么价值？

而高郁恰恰就脱离了那个时代蒙昧的思想，假如说南吴地区的米价是一石 10 个铜钱，而楚国由于生产米的投入成本大，所以按照南吴的标准来算就得是 15 个铜钱。虽然各国货币不同，但在铸造铜钱的重量上不会有太大的差别。假使说吴国的大米商人来楚国贸易，那么他在楚国售卖大米首先就占了一个生产成本的利，所以他的利润是生产成本的利润加上售价利润。所以这无形之中会造成楚国的一个财富外流，虽然马楚茶马贸易搞得有声有色，但在一些日常所需的物资上，马楚还是有短板的。而更有甚者，因为没有统一的汇率，有些精明的商人还可以用本国的优势物品来套购马楚的货币，再用马楚的货币去赚马楚本国商品的钱。

所以高郁改革很犀利地把汇率给攥到了马楚本国手中，即他在各大城市规定，在这些城市中交易只能使用铅铁钱，而在一些乡下，可以提供铅铁钱兑换的铜钱。由于马楚依靠茶马贸易已然把自身做成了一个商品经济的巨头，所以各地的商人会有很多来楚国进行贸易，而这些贸易多发生在各大城市，所以交易中流通的货币都是铅铁钱。但是这交易产生的铅铁钱只有在楚国境内才有其价值啊，出了楚国就没有其价值了。那么，高郁的后手来了，各地富商如何将铅铁钱兑换成有价值的东西离去？两种方法：一，用铅铁钱在城内套购大批实物回国；二，在乡下用铅铁钱兑换铜钱然后带回国。

这两种方法无论是何种都可以让楚国大赚一笔，因为城里的物价肯定比乡下的高，你在城里购买实物带回自己的国家肯定是被坑的，而且还间接支持了楚国本土商品经济。其次，高郁早就在推行铅铁钱的时候核定过汇率了，铅铁钱和铜钱的汇率是十比一，如果各国商人要去乡下兑换货币，那么百分百是要贬值的，所以，还是被坑！

高郁正是凭借这一政策，又大大薅了一把各地富商的羊毛。北宋恰恰也是根据这一指导思想，搞出了纸币这一套，而马老板的电子货币其核心思想也逃不脱高郁这层理念。所以在这，不得不由衷感叹一句：高郁，你真是个人才！

当然，高郁搞这一套也全是基于铅铁这东西是楚国特有，一旦别的国家也有，而且产量更甚，那么高郁就是搬起石头砸自己的脚了。后来南唐后主李煜为了摆脱经济窘境，进行货币改革启用铁钱便是个失败的例子，最后被北宋打压得货币体系全盘崩溃。

六、大南方战争

在欧洲的历史上，一场"大北方战争"奠定了俄罗斯欧洲列强的地位。而在五代十国的历史中，一场大南方战争也确立了南吴在中国南部霸主的地位。十国的走势可以说和南吴（南唐）有着息息相关的联系。三次战争奠定了三种格局，杨行密时代和朱温打的清口之战，奠定了十国独立于北方五代的分裂格局。而若干年后，周世宗柴荣的淮南侵略战则打出了南北一统的格局。发生在后梁贞明四年（918）的这场大南方战争，便是又一场扭转格局之战，这一场战争前后卷入南方四个国家，造成的经济破坏相当严重，但也彻底奠定了南吴政权在南方的霸主地位。

这个时候，后梁方面是新君朱友贞即位，他那位篡权的兄长早在三年前就被他做掉了。可朱友贞接手后梁的时候已经是颓势初现了。北方沙陀领主李存勖开始了对后梁步步紧逼，并已经诛杀了盘踞辽西的燕王刘仁恭、刘守光父子。

北方的压力之下，朱友贞急需南方的小弟盟友们给力一点，拖住徐温掌权的南吴，当然，能够分割最好。而徐温这些年东一榔头西一棒子地也挨个敲打了后梁在南方豢养的这些恶犬，也是时候打一场决定意义的胜仗，虽然不至于说消灭他们，但也得让他们彻底消停下来，不要总是跳出来惹事。

而这一次的战场依旧在江西，还有一块还未彻底臣服南吴的地盘——虔州。虔州早先是谭全播和表弟卢光稠所割据的，并在卢光稠晚年到达了极盛时期，顺势捞到了原属岭南集团的韶州。可惜雄主多败儿，卢光稠死后，儿子卢延昌接班，不但因为耽迷享乐让刘言把韶州给摸了去，连自己的性命也被部下黎求给谋取了。

黎求做了虔州的主人后，长者谭全播很识趣地闭门谢客，不再过问政务。但黎求也是个衰鬼，没多久就暴病身亡；部下李彦图趁机上位。小李的运气同样不好，也是在一天下午没来由地暴毙了，于是闭门谢客的长者谭全播在民众的簇拥下出来主持大局，成了虔州百胜军的防御使。

虔州这个地方地理位置很尴尬，它是江西地区的南大门，是吴越及闽越陆路朝贡后梁的必经之所，一旦被掐断，这两国只能从海上朝贡后梁了。毕竟此时的岭南已经独立建国，刘岩改名刘龑（寓意飞龙在天）并正式登基称帝，国号大汉了。

而南吴方面也恰恰看中这一点，对虔州表面上归附南吴，背地里却和后梁眉来眼去的行为很愤慨，誓要拔除这颗眼中钉。

后梁贞明四年（918）八月，面对南吴的大举进攻，百胜军防御使谭全播自知难以抵挡，便向四方发出了求援信，央求闽越、吴越、马楚这三个后梁王朝的忠实小弟组成联军共抗南吴。

曾经在西方流传着这么一句话："一流国家做棋手，二流国家做棋子，三流国家做棋盘。"此时用来形容这次战争也恰如其分，羸弱的虔州城正是一案残破的棋盘，闽越、吴越、马楚三国和南吴方面江西战区的最高统帅刘信便是这棋子，而后梁王朝及徐温掌握的南吴王朝便是这执棋的棋手。

吴越、闽越自然不能让南吴掐断这条救命线，所以相继都派出了兵马。吴越的钱镠派自己儿子钱传球为西南面应援使，领军两万攻打南吴的信州。闽越国也在与虔州毗邻的汀州集结了上万兵力，准备随时援助。

当然，作为体量比闽越和吴越都大很多的马楚自然也不甘人后，马殷也派遣部将张可求领军一万，开赴江西境内。这是马楚军队第三次进入江西，但令人费解的是，这次马殷委派的张将军依旧是一位名不见经传的三线将领。马王爷的思维实在是奇葩，次次都想插手江西战局，但次次都以弱鸡领军出来献丑。

以一敌四，徐温自然不敢懈怠，他首先将西线战场的名将——汉江苍龙陈璋调回，令他领军攻伐吴越的苏湖两州，迫使吴越两线开战。而后，驻守信州的周本又将吴越的钱传球一顿臭揍，赶去和闽越部队会师了。

在正面战场，刘信自然也不敢大意，他需要面对马楚和虔州两支军队。当时张可求的一万人马驻扎在古亭一带，与虔州城互为掎角之势，刘信审时度势后终于下定决心先击溃马楚的援军，而后拿下虔州城。

贞明四年（918）八月的一天晚上，刘信发起突袭，一举消灭了张可求的一万人马。而闽越、吴越联军也遭到了南吴地方部队的截击，先后撤离了战场。四下无援的虔州城终于迎来了它的末日，至此，吴越、闽越陆路朝拜的线路彻底断绝。南吴也通过这场战争彻底奠定了南国霸主的地位。在那之后，无论是闽越还是马楚，都在很长一段时间内未能对南吴发起过战争，而吴越也在之后不久的一次失败中，正式消停了。

但这场战争中，各国都消耗颇大，尤其是南吴，一度面临着生存危机，当时北方沙陀人李存勖曾邀请徐温一道夹击后梁，但被徐温斩钉截铁地拒绝了，徐温给出的原话是："如今我朝鏖兵虔州，正是千钧一发之际，一夫作乱，三国相倾，这是自古以来没有的事。"徐温能说出这番话，可见这次战争的严重性。而刘信在赢得此次战争后也异常膨胀，自比韩信，引来了徐温的猜忌，最终只能赋闲在家避嫌。

转眼到了贞明五年（919）五月，这一年马楚和北边的高赖子又爆发战争了。原因还是高赖子管不住自己的贪婪，又无意间洗劫了马楚的上贡。以前虔州还没被南吴彻底控制时，走马楚这条路上贡的还有闽越、吴越两国；可自从这条陆路被切断后，吴越转而走海路上贡了。换言之，现在这条路只有马楚一国在走，高赖子每次洗劫，倒霉的必然是马殷，比之前三分之一的概率要惨多了。饶是马楚家底厚，也经不起你这么干啊！愤怒之下的马殷决定把高季昌的荆南从地图上抹掉。

按理说高赖子有错在先，就算后梁皇帝朱友贞是他名义上的义叔，也不想掺和这位大侄子和马王爷的破事了。不过高赖子不愧是高赖子，他早就找好下家了。很快高赖子的新东家南吴行动了，或许是为了给小弟站场子，又或许是作为上次马楚悍然武装入境的报复。但是，考虑到已经不想再和马楚爆发大规模战争了，所以南吴的基调是想把这次战争压制成一次边境小摩擦，而目的以成功保全高赖子为节点。

顺带提一下，920 年是南吴王朝武义元年，在这一年南吴彻底抛开唐朝的光环，独立建国了！而与吴越、闽越、马楚不同，南吴从不屑于攀附任何大腿，它要向天下证明，自己就是大腿，而救援高季昌便是最有力的呼声。

这次救援荆南高季昌的行动居然出奇地成功，南吴方面还未和马楚军队爆发激战便逼得马楚自行罢兵了。原因便是此次祭出的西征军主帅是刘信和陈璋，在大南方战争中的失败阴影已经让马楚有所畏惧了，可不敢招惹"当世韩信"，更何况还有一条汉江苍龙。

后梁贞明六年（920）底，钱镠派使者前来与马殷结亲，为自己的儿子钱传璙求娶马殷的女儿，马殷欣然接受。既然说到这里，我想有必要岔开讲一下马殷的家庭成员，以确保理清楚后面的故事。

马殷由于早年间生活困顿，所以他的几个妻妾都是入主湖南之后操办的。当然，也不排除马殷早年间有过娶妻，可在战乱中离散了。而平辈的亲戚也就马殷的两个弟弟，之前我们已经提过。

马殷有史可考的妻妾有三人，一位是正妃袁氏，给马殷生下了次子马希声和三子马希旺。其次是陈夫人，生下四王子马希范和另一位王子马希广。另外还有位华夫人，生下马希杲，但是排行第几却不知。因为马殷的产仔量还是很强的，虽然成家晚，但据传有三十多个儿子，可是记载于史书的却只有十五个，所以除了几个年纪大的还可考外，其他那些个儿子天晓得多大。

但相对于数量众多的儿子，马殷有史可考的女儿就两个，一个嫁给了钱镠的儿子，还有一个则许配给了刘龑。

此时是 920 年，马殷可考的年纪最长的次子马希声也才二十二岁，与同龄人杨行密、朱温及钱镠的儿子年龄都相差较大。而也是在这一年，南吴第二代主君杨隆演病逝，其幼弟杨溥即位。

接下来这几年马楚都没什么大事发生，也就姚彦章偶尔执行下在湘西清扫滋扰的少数民族的维稳工作，直到后梁龙德二年（923），北方发生的一件大事，让马楚再次躁动起来。当年四月，晋王李存勖在魏州登基称帝，立国号唐，改元同光。五个月后，李存勖兵马杀入开封，后梁末代皇帝朱友贞成了刀下亡魂，五代中第二个政权后唐开始了它在中原的统治。

一夕之间，存在了那么多年的后梁没了，当初紧跟后梁的南方诸国，又该何去何从呢？

七、沙陀霸土

想当初朱温篡唐，马殷是第一个上表祝贺的小弟，如今李唐王朝又回来了，虽说是沙陀人当家，但旗号却是人家老李家的。马殷很踌躇，这个年纪轻轻的李存勖究竟是怎样一种想法，一统天下？目前来看，李存勖似乎有这个经历及能力。

于是乎，一场名为出使祝贺，实为摸底的外交访问开始了。这次出使后唐的楚国外使很有分量，正是马殷的四子马希范。马希范当年才二十四岁，放在今天也就大学毕业生的年纪，但是在李存勖面前却一点也不怯场。

李存勖是代北人，从小就过惯了"风吹草低见牛羊"的塞上生活，所以对于南方泽国充满了好奇。他给马希范抛出的第一个问题不是马殷贵庚啦，也不是马楚国多大，兵力有多少，而是一个看似很无厘头的问题："朕听说你们那地方有个洞庭湖很出名，那得有多大啊？"洞庭湖古代有"八百里洞庭"一称，20世纪由于围湖造田，使得洞庭湖区域面积急剧减小，只有古代的一半左右。可即使如此，现在洞庭湖仍名列中国四大淡水湖的第二位，可想而知当年得有多大。

马希范觉得伟人说话哪怕是个屁话，那都得琢磨出N多个意思。以前春秋时期有个楚庄王，他曾经问过周天子的使臣九鼎的轻重，当时楚王的心思可并非单纯地想了解下轻重而已，而是有入主中原，取而代之的意图。

所以马希范将李存勖的话琢磨了一遍，感到有些心惊，他怕李存勖有弦外之音，于是赶忙说道："不大不大，陛下如果有朝一日驾临楚国，那洞庭之水只够您骑兵饮用。"李存勖本身就是随口一问，也没有特意敲打的成分，现在被马希范高帽一戴，更是有些飘飘然了，笑着离开了。

但是没过几天，李存勖又召见马希范了，这次却问了一个很现实的政治问题："我听说你们楚国的大权都是被高郁所掌控的，你们得小心啊，别让高郁成为你们楚国的徐温啊。不过宝规（马希范的字）你是个人才，想必不会让这事发生。"马希范不傻，知道这次李存勖是百分百话里有话了，他是想离间高郁和马家的关系，最好让马家自断臂膀。

离间计有个法则叫"疏不间亲"，很遗憾高郁虽然和马殷关系密切，但和马殷的几个儿子却处得并不好。但马希范也不傻，虽然自己对高郁有怨言，但他也熟知自己的身份，立长有大哥马希振在，立嫡也有二哥马希声在，就目前的情况而言，无论如何储君的位置都轮不到他的头上。所以总的来说，高郁的死活还轮不到他一个庶子去定夺。当然，马希范绝对得感谢后来马殷死前立下的即位法则，这让原本与王储无缘的他有幸成了第三任楚王。

这次会晤，马希范的机灵给李存勖留下了一个好印象，李存勖也一并将后梁当初册封给马殷的什么劳什子四面行营都统这些称谓全部废除，直接将尚书令封赏给他了。

和马殷一样积极的还有那个北边邻居高赖子，早在朱友贞当政时期，高季昌就已经和后梁貌合神离了。如今李存勖得了中原，高季昌也想顺道摸摸底，于是在马希范出使的同一年，他也选择了北上拜访李存勖。

和马殷不同，这次高季昌更虔诚也更直接，他直接自己启程去了北方洛阳。临行前，高季昌的首席幕僚梁震老爷子又发话了："梁唐两国前前后后打了三十年、两代人，而大王您是后梁钦封的渤海王，手握一镇强兵，只怕此行能去不能回啊。"此时的高季昌浑似鲁迅笔下《风波》中的赵老太爷附体，对梁震大声驳斥："沙陀人一旦怒了，提兵南下，谁能抵挡得了？你能抵挡得了？！"

对比高季昌之前对后梁朱友贞的态度，这次北上投靠李存勖可谓是低声下气到家了，因为李存勖的祖父汉名李国昌，所以高季昌为了避讳自己都不叫高季昌，改叫高季兴了。马殷虽然也曾前来朝贺，但毕竟没向高季兴一样隆重——亲自前来，所以李存勖见到高季兴还是分外高兴的。

和宴请马希范一样，在与高季兴宴饮间，李存勖也丢出一个问题："几经征战，朕灭了朱梁，如今并有北方天下。可惜南方犹有吴蜀二国未定，欲伐蜀但恐蜀道难，江南国富，固欲灭吴，你看如何？"李存勖这么一问，高季兴打了个激灵，酒意也消减大半，他心里暗想：南吴是我的新东家啊，上次还替我解了马王爷的为难。我高赖子再怎么二五仔也得还他一份恩情。

于是高季兴说道："没有的事，吴国可穷了，蜀国才富呢，天府之国可不是吹嘘的。陛下应当学着当年晋朝一样，先取蜀，而后顺江而下再灭吴。"当然，高季兴这番话可不全是为了吴国，而是自己作为荆南节度使，有不少地盘被前蜀给刮去了，所以趁着后唐用兵，自己也可以趁机捞一票，所以竭力撺掇后唐灭蜀。

李存勖听着也觉得在理，于是拍掌大笑，说："你可真是个小机灵鬼呢！"可是，高季兴虽然和李存勖相处得很愉快，但和洛阳城中的其他人相处得可没那么好了。比如说在李存勖的宫廷中有这么一群特殊职业的人——伶人。他们中有的是宦官客串，有的则是非宦官的女装大佬，李存勖闲来没事就和他们唱唱曲，搞搞鸡奸，倒也快活自在。

而高季兴却是个钢铁直男，成天和这帮人在一起，不是被他们摸来摸去，就是被他们抱来抱去，大有"强人锁男""左右为男""男上加男"的既视感。而且这帮人似乎早知道高季兴是干劫道的出身，所以动不动就问他索要钱财，这让高季兴很郁闷啊。

心里憋屈的高季兴见到这伶人就说："我说，你们知道在我们湖北那以前也有个伶人，还当过节度使呢！"一帮小伶人听高季兴要讲故事了，连忙小板凳坐好，问道："是吗，快来说说后来他怎么样了？"高季兴脸一板，说道："后来啊，他死了！南吴将军一刀砍下来，这血洒得满地都是啊！"

小伶人们就是再蠢，也知道高季兴话里有话了。而高季兴呢，也被这帮人勒索得烦了，直接大骂一声："这帮鸟人，爷爷还不伺候了！"说完就准备打道回府，可是呢，如今人在他人地盘上，回不回去还得经过主人同意。

而李存勖此时似乎又不愿意把小机灵鬼高季兴给放回去了，因为觉得这男的很有魅力，想收为己用。这时候高季兴只得找了个偏门，给名将郭崇韬塞钱。老郭是老晋王李克用时代的名将了，仗打得好，也很有内政水平，就有一点不好，贪财！所以拿了高季兴的钱，他也就尽心竭力为高季兴办事了。

于是郭崇韬力劝李存勖说："陛下您刚刚平定北方，四方来朝贡的诸侯中，唯有高季兴一人是亲自前来，咱们贸贸然将其扣下，便是失信于天下。如此以后还有哪个诸侯敢再来？不如放还高季兴，为长远考虑。"李存勖这才悻悻地罢手。

高季兴离开洛阳后，那犹如蛟龙入海，使劲撒丫子跑路，生怕李存勖后悔。还很后怕地对左右随从说道："这次洛阳之行，我和李亚子都犯了一个错误。我不该来，差点无法回去，而他，也不应该放我啊！"话说到这份儿上，以后高季兴只怕打死都不可能来洛阳了。

在距离江陵的最后一站襄州（今湖北襄樊）时，之前和高季兴有过边境摩擦的山南东道节度使孔勍设宴款待高季兴。老孔和高季兴做了这么多年邻居，当然知道他不是什么好鸟，所以便准备将他留下，等待李存勖回心转意，不然真放走了高季兴天晓得他会做出什么不可思议的事来呢！

高季兴也不傻，佯装喝醉，结果半夜趁人不备强行斩关破城，逃回了江陵。回到江陵后，高季兴这个年过半百的大老爷们儿居然握着梁震的手痛哭流涕，说道："我悔恨不听先生的话啊，差点羊入虎口出不来啊！"

当然宣泄完情绪之后，高季兴便笑着给群僚们分析说："这个李亚子啊，也不过如此。我原以为他扫平北方，有什么本事呢，可他却夸口'我十个手指得天下'，如此贪天之功为己有也不过是一竖子。现在他又整日与男宠厮混，身体早就被掏空了，我们不需要忧虑。"于是高季兴下令收拢梁亡后流落在四方的逃兵，将他们编入队伍并大修战舰，以备将来乘势而起。

与马殷一样，高季兴也受到了李存勖的新朝加封，后唐同光二年（924）三月，李存勖加封高季兴为尚书令、南平王，自此，十国之一的又一政权"南平"建立。现代官方普遍将高季兴被朱温封为荆南节度使这一年算作是南平国的开端，但这样其实是很不科学的。虽然在后梁时期荆南有一定的独立性，却不足以上升到和马楚、吴越等同的藩属国，而恰恰是李存勖的这一举措，给了南平立国的可能，所以在此分析论为，南平的建国应当从924年算起，国祚合该三十九年，而非传统意义上的五十五年。

但是南平虽然建国了，可在建国初的两年内却无法像马楚、吴越一样取得半独立性，至少直到李嗣源当政时，南平都是唯中原皇帝李存勖马首是瞻的。就比如说同光三年（925）的伐蜀之战。

第四章

这些邻居有点糟

一、荆南北附、马楚纳土

此时的前蜀，老皇帝王建已经在公元 919 年，也就是马楚、吴越、闽越、南吴四国在江西虔州打大南方战争的时候驾鹤西去了。新皇帝王宗衍是王建诸多儿子中比较不争气的一个，国家大政被王建的义子权臣王宗弼把持。

此番李存勖大军伐蜀，名将郭崇韬配合太子李继岌，再加上刚刚灭掉后梁的沙陀兵，消灭前蜀似乎胜算很足。所以高季兴又按捺不住激动的心情，要发兵把巴东四州拿下了。他留长子高从诲守江陵，大起舟师，沿江西进取施州（今湖北恩施）。

这个时候我们又该岔开来讲一下高赖子的家庭成员了。高季兴的家庭成分很简单，他没有正妻载入史册，只有个妾室留名。而他妾室能名垂青史也就在于他给高季兴生下了继承人高从诲。

早年间高季兴非常宠爱这个妾室，可以说是达到了形影不离的地步，有次高季兴战败，乱军之中逃出的只有他和妾室两人，两人误入了一个深涧。当时张氏有孕在身，行动迟缓。高季兴怕张氏连累自己，便趁她熟睡的时候，想引发山崩把她压死。山快要崩塌时，张氏突然惊起，对高季兴道："我刚才梦到大山崩倒压在我的身上，有个身穿金甲手执戈矛的神人托着大山，我才没有被压死。"高季兴听后，认为张氏怀的孩子肯定不是寻常人，便带着她一起逃生。后来，张氏生下了高从诲。

高从诲生于891年，当时高季兴应该还是朱温帐下一个小头目，所以有此狼狈的事迹也属正常。但这个故事恰巧也告诉我们，高季兴没有其他妻子载入史册也是有原因的，连爱妾都能下狠手去杀，其他的老婆估计也早就被他弄死了。

高从诲有史可考的弟弟有四个，而且年纪和他相差都挺大的，这四人一直活到北宋灭南平，还做了宋朝的官。此外高季兴还收了俩义子，后面我们会再提到。而高季兴的女儿有五位，《十国春秋》中说她们喜好佛法，所以后来都出家为尼了，一个出家佛华寺、一个出家庄严寺、一个出家菩提寺、一个出家石佛寺、一个出家法轮寺。但是这种说法却又经不起推敲，因为正史也记载了高季兴有个女儿嫁给了大将倪可福的儿子，所以出家一说从何来？

如果说梁震是高季兴的谋臣第一，那么倪可福便是高季兴的武将第一，无论是最早消灭雷家朗州军还是说几次抵挡南吴、马楚的进攻，倪可福都出力颇多。倪可福晚年购置不少地产，以供子孙生存，那个地方后来就叫"诸倪冈"。当然，在高季兴的亲信梯队里还有个奇怪的人，这个人叫司空薰，据说他是唐末大诗人、诗词理论家司空图的私生子。鼓动高季兴北上及让高季兴撺掇李存勖灭蜀据说都是他的主意，但高季兴却一如既往地信任他，也着实令人费解。

好了，回归正题，这次高季兴又扬帆西进了。而对面前蜀的将军也早已由王成先换成了张武，这个张武一招"铁锁横江"将高季兴水师尽数抵挡，而高季兴只得派手下去前面砍铁链。结果张武两侧山上的伏兵尽出，一番劲射让高季兴又是死了不少兵马。还是熟悉的场景，还是熟悉的结局，高季兴只得灰溜溜再次折返。

但是高季兴这边铩羽而归，郭崇韬那边的后唐部队倒是大获全胜，六十多天就把前蜀给灭了。消息传到南平的时候高季兴正在用餐，得知后唐灭蜀如此神速，高季兴吓得筷子都掉了，长叹："都是我的过错啊，我将剑柄交给沙陀人，怕是下个要轮到我了。"这个时候梁震却很淡定，他笑着说："李存勖祸乱已生，这今日灭蜀之事是福是祸还真不好说呢，王上莫慌。"

高季兴可以不慌，但马殷却不得不慌。同样听闻后唐灭前蜀的消息后，马殷做了一件很丢面子的事——纳土归降。马殷上表称："臣已营衡麓之间，为菟裘之地，原归印绶以保余龄。"然后让使臣带着楚国的户籍、州郡的图册，前往洛阳请求李存勖接管。而这一时期的特点便可以"荆南北附、马楚纳土"来形容，一时间，两湖地区也彻底沦为后唐的领地。再加上称臣的吴越、闽越，此时李存勖的版图到达了五代政权的顶峰，只有江东的汉族政权南吴及岭南的汉族政权南汉不在其手。

但这一版图持续的时间和马殷极盛时期横跨湖南、岭南两地的版

图一样短暂，如梁震预料的那样——福兮祸所伏。很快，李存勖因一小撮叛乱而走入四面楚歌的境地，并在"兴教门之变"中身死人手，为天下笑也。李存勖的义兄李嗣源成了后唐王朝的第二位皇帝，改元天成。

新上任的李嗣源自然要妥善继承好李存勖活着的时候所打拼出来的政治遗产，像蜀中这块地方，必须牢牢握住，而马楚、南平这种地方则可以先缓一缓。为了嘉奖马殷，天成二年（927）八月，李嗣源委派尚书右丞李序前往长沙，册封马殷为楚国王，可以开国立室、承制官职，并可以用天子之半仗仪式。

这一次马殷的地位又被提高了，他从原本后梁时期的诸侯王一跃成为后唐时期的藩属王，地位及独立性可与高丽、渤海等同。虽然实际来看这并没有什么区别，毕竟在朱温时代，马殷也有较强独立性的，可这却让马殷倍感殊荣。

也许是感觉到时日无多，也许是为了应应景，马楚在提升为楚国后，马殷也仿照中原皇帝制定了次一等于皇帝的国家制度。当年追随自己的那些善战名将都已作古，唯有许德勋和姚彦章还活着，两人分别担任左右丞相。而马殷的国土上还残存着晚唐时期遗留的节度使一职，于是他任命弟弟马賨为静江军节度使（管辖广西北部），长子马希振为武顺军节度使（管辖朗州和湘西），次子马希声为武安军节度副使（正使即马殷本人）、判长沙府。除了这三个节度使封号外，马殷还有个宁远军节度使的封号（治所容州），但由于实际控制的地盘早给刘龑刮去了，所以只是个虚位。

从这次的官员任命上看，马殷似乎有意及无意间拟定了次子马希声作为接班人了。而这个时候，马殷的钱粮管家高郁高大人又有新举措了。在贸易改革、货币改革之后，他又推出了他的第三项功绩——税收改革。

长期以来，楚国的百姓所缴赋税都是给的钱，而封建时代最科学的税收方法是钱粮并用，因为如果只收钱，那么农民耕作之后要把米卖掉换成钱上缴，可米价不恒定，在折算过程中肯定会伤害到农民利益。但是，如果赋税只用粮食抵扣也不好，为何？因为没有钱币在这里面进行流通对于商品经济发展乃至社会发展都是一种阻碍。

楚国人民不差钱，这些年商品经济的蓬勃发展已经让老百姓腰包鼓起来了。但是，楚国却有一个短板——基本经济不行。封建时代的基本经济是什么？男耕女织的小农经济，而楚国所在的地方产量比不是很大，但相比岭南还算过得去，可是在女织方面却成了实打实的弱势。而蓬勃向上的商品经济必然是要建立在基本经济有一定底子上的，否则哪天一旦风头变了，马楚的商贸遭到周边国家打压或者制裁，那么，整个国家经济就会崩盘。

为了避免这一可怕事件的发生，高郁决定要搞好基本经济，就从薄弱的女织入手。他鼓励百姓用布帛抵扣钱财来缴税，并规定上缴赋税中必须要有一定数量的布帛，这么一来，原本对养蚕织布非常拙计的湖南人民在高郁的诱导下也开始养蚕缫丝，做衣织布。虽然初开始的技艺很差，所出产品只能内销，但后来的湖南人民善于学习，逐渐让自己的织布工艺走向全国，四大名绣之一的湘绣便由此开端。

这样一来，高郁终于放心了，就算有朝一日，周围国家都对楚国实行了经济制裁，拒绝与其通商，那么，楚国人民也可以通过男耕女织的自然经济自给自足，不至于饿肚子。今天我们的国家在发展虚拟经济的同时也在强调振兴传统经济，其实质就是也有高郁一般的担忧，而今，中美贸易战的发生似乎也预示着国家决策层的先见之明。

马楚对新主子李嗣源很满意，可是北边的南平高季兴却对李嗣源一肚子意见，原因还是出在劫道上。后唐毕竟是沙陀兵，所以在打进成都后暴露了烧杀抢掠的本能，尤其是李存勖的太子李继岌，在抢掠中竟然搜刮到了四十万财帛，而后他命人将财帛装船，沿长江走水道回洛阳。

但是这批财帛在途经江陵的时候，非常碰巧地发生了一件事——李存勖被叛军杀了。进而，李存勖的太子李继岌也被军中异己势力处决。一下子这批宝贝成了无主之物，那无主的宝物高季兴就觉得这是老天赐给他的，便杀掉押送的人员，将宝物扣了下来。

李嗣源刚刚继承大统，对于这笔意外之财丢失归丢失，倒也能承受得住，因为此时蜀中已经乱成一锅粥了。继名将郭崇韬和前太子李继岌相继被兵变杀掉后，四川地区的沙陀兵就开始各自为营，操刀互砍起来，毕竟是李存勖的嫡系，李嗣源也喝止不住。

但杀着杀着李嗣源发觉情况不妙了，渐渐崛起的两大军中巨头董璋和孟知祥都有一副割据蜀中的样子，他们想做第二个王建！他们是沙陀人的耻辱，更可恨的孟知祥还是自己名义上的妹夫呢！

眼瞅着自己干这一票李嗣源没有怪罪，高季兴又想去抢马殷一票。这时候高季兴的另一谋士孙光宪出来劝阻了，孙光宪和梁震一样都是四川人，也因同乡之便被梁震举荐给了高季兴，担任掌书记一职。

孙光宪忙说："大王你慎重啊，南平国狭小，百姓困顿，几次战败让我们之前的成绩都化作泡影，现在好不容易有意外之财恢复生机。再去招惹马殷，那必然得不偿失。"高季兴想想也是这个理啊，于是就在天成元年（926）六月，上表李嗣源说："臣这边所圈养的官员较多，江陵地方狭小，请求陛下将夔州（今重庆奉节）、忠州（今重庆忠县）、万州（今重庆万县）三州划给臣吧。"这巴东三州原本就是荆南地区下辖的，也是高季兴两次出兵巴东心心念念想要夺取的。

但是李嗣源却给了一个模棱两可的回复："你的请求我批准了，但是该地区的刺史得由我任命。"李嗣源的想法很清晰，此时蜀中就是一锅乱粥，自己也不确定能不能把董璋和孟知祥都消灭掉，如果不行，让高季兴搞几块地皮也是好的，然后自己再安插自己的人过去当刺史，借鸡下蛋嘛。

高季兴算计了人家一辈子，哪能被别人算计到？得了李嗣源诏书，高季兴就拿着前半句话去接管三州了，等到李嗣源委派的新刺史来时，高季兴严阵以待：要进城？可以，躺着进去！

这一次，李嗣源是真的震怒了！天成二年（927）三月，李嗣源命山南东道节度使刘训为北路军，东川节度使董璋、副使西方邺为西路军，楚王马殷为南路军，三面讨伐高季兴。

二、打狗也得看主人

李嗣源自即位以来最头大的是蜀中问题，可是高季兴凭借着自己瞎折腾的本事，成功地炒红了自己，让当时全中国的热度从蜀中转移到了南平，也让李嗣源的一肚子邪火彻底发泄在了自己身上。

高季兴知道自己又惹了大祸了，北西南三面合围，自己似乎是死路一条，于是他赶忙向东面的新东家南吴求救。自从李存勖灭掉前蜀后，南吴王朝一直对北方强大的沙陀唐怀有警惕，后来李存勖虽然死了，但新接班的李嗣源能力如何，谁都不知道。所以，借着此次救援高季兴，南吴也想摸一摸李嗣源的底，看看自己是否能够挡得住沙陀兵的强劲实力。

但是虽说是三面包围，可实际上就只有北路军刘训是真的要打高季兴，西路军董璋虽然被高季兴夺了三州，可他眼下大敌是西川的孟知祥，哪有空给李嗣源打工？马殷此时听说南吴出兵了，也不想和南吴交战，便按兵不动。

刘训是北方人，很快便因为受不了南方的雨季而染了疫疾，李嗣源只能更换孔循来顶替刘训。孔循是个文官，所以他准备说服高季兴主动认错，哪知道高季兴站在城头就对着孔循大骂，将孔循的祖宗都问候了一遍。

也许是为了追求刺激，高季兴在后唐大军还未撤离的时候又把马殷给招惹了。此时正值马殷派遣史光宪履行上贡的日常，结果路过江陵的时候，高季兴又劫道了，抢了贡品不说还把史光宪给扣了。天成三年（928）三月，马殷来到前线岳州，并派遣袁诠、王环为帅，儿子马希瞻为监军，率领大军沿江进攻南平。

王环我们之前提过，曾经有夜袭黄州城的伟绩，连上司许德勋都夸赞不已。此次让他领军，一来是姚彦章和许德勋都已年迈，二来起用此人，相当稳妥。在刘郎浦一带，马殷的楚军与高季兴的南平军遭遇了，马希瞻战术得当，一战消灭了南平军数千人，直接兵临江陵城下。

而西线方面，由于高季兴长期被围，原本占有的巴东三州也被西方郉给摸了去了。关键在这个时候，南吴的援军也因为徐温病重而踌躇不前了。一时间，高季兴遭遇了起家以来最大的危机。

黄昏的残阳直射在江陵城头之上，天边的火烧云就像血染的一样，让连日来疲惫不堪的高季兴更显低落。长子高从诲走近城头，对着高季兴说："父王，四面合围，我们似乎已是穷途末路了。"高季兴没有看他，只是远远地望着北方，说道："不知道你母妃有没有和你说过，曾经我也和她身陷险境，但最终化险为夷了。你是父王的福星，有你在，任何险境都无足轻重。"说完高季兴拍了拍高从诲的肩膀。

高从诲有些不解，于是说道："父王，这么多年来你几易其主，又何必这次死命抱着南吴这棵大树而不改初衷呢？"高季兴终于回头望了望高从诲，叹息着说道："父王老了，这辈子数易其主，脸面于我早就不是什么有价值的东西了。可你不同，父王这辈子过惯了忍气吞声的日子，所以不希望你以后也只能看人脸色过活。我的南平一定要打一场硬仗，我把难路走掉了，只希望你能走得稳妥。"说完高季兴便走开了。

马楚撤兵了，并不是因为江陵城坚难下，而是王环对马殷说了一句话："唇齿相依，唇亡齿寒。"也许，马殷此时的心中也在为子孙计，他希望自己的子孙能长久地做着湖南之主，而不是像自己一样，纳土归降。要保持马楚不被北方王朝吞并，留着南平做缓冲是个明智之选，所以他选择了撤军。高季兴似乎也心领神会，放还了马楚的使者史光宪。双方战事暂时告一段落。

与此同时，吴国的援军却在右雄武军使苗磷、静江统军使王彦章的带领下逼近岳州。这一次，马殷起用了老将许德勋及名将王环，在洞庭湖君山一带设伏，围歼了南吴军。南吴两位将军被俘，但许德勋这次却一反常态，没有像当初秦彦晖处置陈知新、刘存那样杀掉了事，反而听从马殷的话将他们放回。而在离别之际，许德勋对他们说了一段意味深长的话："我们楚国虽然土地狭小，但功臣宿将都还在，所以你们勿要再打我们的主意。不妨坐等时机，等到哪天我们这群小马少爷互相争权的时候，你们再来出兵吧。"

许德勋一语成谶，自从君山大战后，吴楚之间再也没爆发战争，直至南唐更替了南吴。这次和平的岁月比继大南方战争后持续的和平还要久，而下次南唐西进也恰恰发生在数十年之后的"众驹争槽"时期。

顺带提一下，此时南吴国秉政二十多年的徐温已经入土，这位权相通过自身的艰辛治理，硬是把南吴从一个松散的军事联盟缔造成一个国力不弱于沙陀唐、雄踞东南的大国。他死后隔年，义子徐知诰掌握南吴大权，并将南吴王国升级成为南吴帝国，杨溥成了皇帝。称臣的高季兴也顺理成章被册封为吴帝国的秦王，但由于徐知诰掌权初期还受到徐温亲子徐知询的掣肘，所以在制定对外政策时造成了一些偏差，客观来说也包括这次君山大战的失利。

天成三年（928）六月，在吴楚两国单线达成和议后，高季兴的处境就很尴尬了，他似乎成了一枚弃子。在半辈子戏弄人家之后，他也尝到了被人抛弃的滋味。这一次，马楚大军在老将许德勋和四子马希范的率领下与南平军在沙头遭遇。这次南平方面领军的是高季兴的侄子高从嗣（一说为义子），高季兴载入史册的侄子总共就两人，高从嗣和高从义。

高从义后来在贞懿王高保融在位时期因图谋发动叛乱而被杀，这个高从嗣却是个猛人。

史书记载他平日里好勇斗狠，经常在战场上单枪匹马突入敌阵，而这一次，他也突发奇想，竟然要求对面马楚军中出一个将领和他一骑讨（单挑）。历史不是演义，戏说不是小说，这种段子一般发生在演义中，可这回却被高从嗣正儿八经实操了一回。

面对高从嗣的叫阵，马楚这边廖匡齐迎战。这个廖匡齐便是当年投奔马楚的廖爽儿子，"马得草料必肥"终是一语成谶，廖匡齐非常勇武，在与高从嗣的对阵中，只一合便将高从嗣斩于马下。高从嗣一死，南平军立刻四散逃命，马楚再次进逼江陵府。这样的场景已经出现过许多次了，这次也不例外，照旧是高季兴求和，马楚退兵。但一个月后，南平和马楚又爆发了一次战争，这次高季兴在白田大败楚国岳州刺史李廷规，而且还将李廷规生擒，献俘给南吴。

做完了这一切，高季兴病倒了，史书说他是因为得了足疾，在生命的最后日子里，一贯四处认爹的高季兴却雄起一把，活捉了马楚的一州刺史，还献俘给了老东家。这或许，便是对他大半辈子软弱、不忠的最大讽刺吧。是的，在和各路军阀的博弈中他比任何人都要怂，但是在沙场征战中，任何一国之君都不如他舍生忘死，否则他也不会被朱温器重。

人是复杂的，也许高季兴的一生就是这样的一个矛盾综合体，作为父亲，他不希望儿子也像他一样走没脸没皮的老路。可是，在那样的时局之下，硬气，真的是说到便能做到的吗？

后唐天成三年（928）十二月，游刃于几大强权之间的南平王高季兴病死江陵，享年七十一岁。遗憾的是，他的继承者高从诲并没有如他所期待的那样硬气，还是一如既往地周旋在几大军阀之间。

与高季兴不同，高从诲从接班起就把"左右逢源"定为基本国策，而不是像乃父一样，四处惹事。他当政后做的第一件事就是重新调整了下与南吴、后唐之间的关系，高季兴死的时候，南平还是南吴的附属国，而眼下南吴方面高层动荡，后唐在南平北面的军事包围还未解除，所以这一局面必须扭转。

很快高从诲便派出使臣向南吴报丧，并传达了这么一句话："广陵城与江陵城相隔千里，一旦有警恐鞭长莫及，如今唐主李嗣源仁厚，我等想重归于他麾下。"徐知诰是个仁义的人，也知道在过去一年多时间里，自己这边所展示出来的力量不足以跨地千里去庇护南平，索性也就应允了。唐天成四年（929）五月，高从诲分别写信给楚王马殷和唐山南东道节度使安元信，请他们代向李嗣源说通称臣事。

李嗣源这边数万大军前前后后围了江陵两年多也没什么成绩，索性也就借坡下驴，接受了高从诲的请求。但是南平国的封号是没有了，高从诲依旧只能做后唐的荆南节度使，于是乎，建国没几年的南平国一下子又宣告灭国了。到了长兴三年（932）二月，李嗣源考虑到收复蜀中基本无望，于是便琢磨着加强南平的军事地位，便将高从诲封为渤海王。

乱世当中，别人的扶持是需要的，但最重要的还是自己的能力，南平能不能在乱世中站得稳，高从诲的本事很重要。高从诲自身的水平还是过硬的，史载其"明敏，多权诈，亲礼贤士"。外加上他老爹还给他留下了梁震和孙光宪两人，足以撑起半边天了。高从诲侍奉梁震执子侄之礼，而梁震也是亲昵地将其呼为郎君。后来梁震年纪大了，还特地对高从诲说："先王高季兴与我相交于布衣，我受其托孤之重，如今看到嗣主您能自立自强，不坠先王之业，我很欣慰。现在我已年迈，也该告老归田了。"

高从诲虽然劝不住梁震，却在土洲一带给他建了大屋子，梁震则于该处隐居，自称"荆台隐士"。但虽说是隐居，有时候也会偶尔骑着黄牛去相助处理些政务，毕竟这么多年他对这个国家满怀感情了。而高从诲对梁震的赏赐也并不因为他告老归田就有所减少，依旧奉养如初。晚年的梁震生活应是无比惬意的，从他仅有留存的一首诗中可见端倪："桑田一变赋归来，爵禄焉能浼我哉。黄犊依然花竹外，清风万古凛荆台。"

梁震卸任后，政务则多压在孙光宪身上了，有次高从诲与孙光宪宴饮，他在席间突然说道："像马王（一说马希声，一说马希范）那样的人才是大丈夫啊！"孙光宪立刻理会了家主的话外之音，他起身正色道："天子有天子的礼法，诸侯有诸侯的礼法，像隔壁马家那般穷奢无度，不恤民力，终将自食恶果。大王您应该效仿前唐太宗的简朴治国。"

高从诲人如其名，善于听从教诲，于是连忙点头说："您说得对，我应该从善如流。"高从诲主政近二十年，但翻阅史料遍寻他的事迹却发现乏善可陈，的确，相比于他那个整天惹是生非的父亲，他要低调和踏实很多。但这样的君王，对于百姓来说又何尝不是一种幸事呢？在徐知诰及钱传瓘这两位君二代作古后，他反倒成了那些二世主中最高挑的那位，没有马楚、闽越、南汉宗室间的黑暗与杀戮，也没有吴越、后蜀后主们的暗弱，更没有像李璟那般四处惹火。以至于多年以后，宋朝大臣司马光都给予了他这番高度评价——孙光宪见微而能谏，高从诲闻善而能徙，梁震成功而能退，自古有国家者能如是，夫何亡国败家丧身之有。

作为一个小邦之主，能取得如此评价，殊为不易。在他即位六年后，南平王的封号终于又回归了高家。高从诲死的那年中原已经是后汉当家了，弥留之际他将军政大权交给儿子高保融，而后撒手西去，活了五十八岁，也算长寿了。高季兴死后的谥号是"武信"，可他既不威武，又不守信，而高从诲的"文献王"谥号却是真真切切为他一生做了注脚。

三、天有二日

晚年的马殷是郁闷的，因为他也有一个当代家长们的通病——羡慕"别人家的孩子"。东边徐知诰的才干他早有耳闻，日后取杨吴天下而代之的必然是他。吴越国的钱传瓘也是个厉害的后生，吴越在他手中乱不了。闽越国，这些年这个政权挺糟心的，王审知那些个儿子真是猪狗不如，内讧和厮杀让八闽大地成了一锅乱粥。

当然，最让他欣赏的还是自己那个南汉国的女婿——刘䶮。这些年刘䶮做的种种事情都让他有种刮目相看的感觉。早在梁贞明元年（915）时，刘䶮就向刚刚即位的朱友贞讨要南越王一称，在朱友贞断然拒绝后，刘䶮居然自立为帝了。他建国号为大越（后来改为南汉），甚至还把自己的名字由刘岩改为了刘䶮，取"飞龙在天"之意。

后来李存勖灭了后梁，在这基础上建立了后唐，但刘䶮却依旧不买李存勖的账，蔑称他为洛州刺史。垂垂老矣的马殷在确保了后唐不会南下之后，居然想测试下这位女婿究竟有何等水平了，便于后唐天成三年（926）三月，派遣楚国大军突然大举进攻南汉封州（今广东封开市）。

这次战争刚一开始，马楚军队依靠突然袭击还打了南汉个措手不及，将南汉军队逼出了贺江一带并完成对封州的顺利包围。但是刘䶮在被打蒙了之后，迅速反应过来，他派手下大将苏章率三千精兵，乘坐数百艘战船由水路再次进据贺江水道。

苏章的南汉水军到达贺江流域时，并没有急着和马楚军交锋，而是寻找了一片水域作为设伏地点。在这片水域中，他将大批量的铁索沉入江底，而后又在岸边打造好机关，用以连接铁索。紧接着，苏章便派出小股部队前去马楚军所在水域诱敌。

一般这种情况，被诱方是把把中计的，所以这一回马楚部队也自然而然上当了。当马楚舰队进入包围圈后，苏章则下令埋伏在岸边的士兵开启机关，沉入江底的铁索突然飞出水面，将马楚水师给网住了去路。

紧接着，苏章调来弓箭部队，对着围在阵中的马楚舰队就是一阵招呼，此战马楚南面水师几乎被全灭。封州之战打完后，马楚在岭南地区的版图算是最终敲定了，它大致横跨了广西东北部到广东西北部一带，虽然地盘也并不是很小，可已经无法对刘龑造成军事上的威胁了。至此，长达近三十年的楚汉岭南争霸就此告一段落，下次两国交战时则是马楚亡国之际了。

眼看周边近邻强敌环伺，年迈的马殷也不由得担心起来，虽说自己的政权称臣于后唐，可马楚的家业也不小了，总得挑出一个合格的后继者。虽然不指望这个后继者能像东边的徐知诰、钱传瓘那么优秀，但也至少能和南边的刘龑及北边的高从诲周旋啊。

很快，马殷拟定的继承人出来了，他没有选择年长的马希振为储，也没有选择贤明的马希范为储，而是单单挑选了嫡子——次子马希声。其实想想也能理解，在封建机制运行之下，立嫡往往对各方势力都是最好的回应。而且从之前马殷受封楚国王开府时的官职授予来看，身为武顺军节度使的马希振已经下意识地被踢出储君序列了。

后唐天成四年（929）三月，年近八十的马殷正式下令任马希声知政事，总管内外军政事务，代楚王行政。马殷知道自己的身体已经每况愈下，所以他要争取任何一点时间来为后代铺路。

　　但马希声显然是个不称职的儿子，他坐上楚国代理人位置后做的第一件事便是要搞死高郁。原因无他，"一朝天子一朝臣，朝朝天子要杀人"，虽然马希声还没被扶正，但他却需要这个国家按照他的意志进行运转，掌握了楚国经济大权的高郁成了马希声的眼中钉。

　　可是杀朝廷重臣毕竟是个大事，这种事还是需要马殷点头的，所以马希声向马殷汇报了这一决定。可是马殷虽然卧病在床，但一听到自己儿子准备动手做掉陪伴自己三十年的肱骨知己，马殷挣扎着爬起身说道："高先生是王佐之才，我们马家有今日的成就，都是因为有他，这种念头你以后断不能有！！"

　　马希声从来不觉得一个高郁能有这么大作用，但是他从来却觉得一个高郁会有相当大的破坏力，留着他日后必生事端！于是马希声便向马殷提出了一个折中方案——不杀高郁，但要罢免他的兵权。

　　马殷也不愿刚刚放权给马希声就对他的一切决定横加阻碍，也许将高郁罢免后也能留他一命，否则自己活着压制着马希声，自己一旦死了马希声反手就会杀高郁。高郁很快就被贬谪为行军司马，这突如其来的欲加之罪让高郁有些窝火，他也知道究竟是谁想要摆自己一道。于是愤愤不平的高郁说了一句气话，也是这句气话让他最终丢了性命。高郁扬言道："我怕是要去西山修葺别居了，这马家的狗崽子们长大了，懂得来咬人了。"

　　高郁说这话的时候似乎已经忘了自己如今不再是楚国一人之下万

人之上的当朝重臣了，一个被贬谪的行军司马，生死全在大人物的一念间。天成四年（929）七月，马希声矫诏对高郁下了满门抄斩的诛杀令。

记得法国大革命期间，雅各宾派当政后实行白色恐怖，连大化学家拉瓦锡也被送上了断头台。当时的另一学者拉格朗日痛心地说道："砍下这颗脑袋，一百年内都再长不出一颗。"可是民众的盲目和激情吞噬着这一切，他们声称"大革命不需要学者"。同样，封建皇权也容不下任何影响其统治的东西，哪怕这是一股推动社会进步的力量！

睡梦之中，马殷仿佛置身于一片迷雾之中，他感慨道："多少年了，这大雾不由得让我又想起了当年在孙儒军中的日子。那时候每当他杀人，可都是大雾迷城啊。"说话间高郁却赫然出现在马殷面前，那一身粗布衣服还是当年孙儒军中所穿的。

马殷很感慨，说道："高先生，这三年你尽心辅佐孤王，功劳颇大啊。"高郁却一脸凝愁地说道："前些日子，我抢了一人的龙角，龙者，天子也，角者，用刀也。如此来看，果然为我招来杀身之祸。"马殷似乎有些诧异，又问道："先生在说什么呢？哪来的杀身之祸？这三十年间，您为孤王兴茶马贸易、铸铅铁制钱、拓丝织之事，这一桩桩都是利国利民的大功啊。孤王离不开你，楚国也离不开你啊！"

"是吗？"说话间高郁脸色变得阴沉，"既然这样，大王为何要纵容你的爱子杀我满门呢！？"高郁的一声厉喝将马殷从睡梦中惊醒过来，他若有所思地询问起高郁何在。但是，得到的却是手下冰冷而又残酷的答案。

他愤怒地屏退了众人，抚膺长哭道："如今我是真的老得不中用了吗？楚国的大事竟都不由我做主了，让我这肱骨重臣死于非命啊。"窗外的残阳将一抹余晖投射到了马殷的床前，他伸手去接，却眼见这夕阳也这般刺眼。"时日曷丧，予及汝偕亡！难道说，孤王的太阳也要陨落了吗？"说完马殷眼前一黑，栽倒床前。

长兴元年（930）十一月，七十九岁高龄的马殷溘然长逝。他在临死之前，留下一道遗旨：以后楚王的君位，传承秩序必是兄终弟及！"国事艰难，宜立长君"，如果从当时的外部局势来看，马殷的这套做法自然不能说是错。可是，从事后诸葛亮的角度看，这个做法却是大错特错，就因为这一个"兄终弟及"让马楚在日后二十多年间众驹争槽，最终被南唐吞并。

但是回过头来说，如果"父死子继"接替，那就一定能挽救走向末路的马楚吗？怕也不见得吧，毕竟闽越国殷鉴不远啊。马殷这一生，从一个落魄的木匠进入到行伍之中，几经生死搏杀才坐稳了这湖南之主。可以说，从一个人的个人励志上看，马殷是优秀的；但是，如果要放眼那些称王称霸的雄主，马殷似乎还差那么一丝味道，中规中矩的他并不耀眼。

可是，马殷却完美地演绎出自己的历史使命——一个配角。配角的作用可以是为主角摇旗呐喊（谄媚中原五代），也可以是成为主角的日常手下败将（数次被南吴击败）；无论从哪点来看，马殷都已经成功做到。

但是，马楚王朝的未来走向如何，这就不是马殷所能把握住的了。马希声，马楚王朝的第二位主君，他的执政生涯由此开始了。大凡附庸国新君继位，都是需要给宗主国打个招呼的，这边马希声也不能例外，此时的中原大佬是李嗣源，在五代那么多皇帝中，他也算是个脾气较为宽和的人。

可是，很快中原王朝对于马希声的任命书下达了——武安、静江军节度使，兼中书令。注意下，这一连串的封号里并没有楚王这个爵位，也就是说，马楚在马希声当政时又被中原取消了国号，间接亡国了。

按理说，依着马希声的脾气，遭到如此对待索性一拍两散，离开中原王朝单干了。可我们的马希声少爷并没有给李嗣源摆谱，欣然接受了这一封号。河马和老虎同样膘肥体壮，老虎为了称王称霸需要尖牙利齿；而河马为了吃饱喝足只需要一张硕大的嘴巴罢了。

马希声也一样，他不需要像李嗣源那般称王称霸，他只想安安稳稳享受一方领主的奢靡生活，所以楚王也好，节度使也好，都不影响他享受生活。说到享受生活，刚刚坐上节度使之位的马希声就遇到了一个问题。

马殷死后，马希声作为人子守丧是必须的，但是这三个月丧期实在太难熬了，不吃酒肉，不近女色，简直要把马希声这个俗人逼疯。于是乎滑稽的一幕出现了，马殷的灵堂之上，马希声一手拿着酒壶，一手拎着烧鸡，大快朵颐起来。楚国的臣子们看到新君是这个样子，都忍不住地摇头，其中吏部侍郎潘起就不满地讽刺道："我听说魏晋时期的阮籍，也是在守丧期间吃着蒸猪肉，这哪朝哪代不会出一两个贤人呢？"

潘侍郎说的阮籍是"竹林七贤"之一，这七人平日里行为乖张，做出了很多不可思议的事情。但虽说是不可思议，可贯彻如一的是这七人对封建礼教的抨击。阮籍就在守丧期间不顾外人谩骂，吃起了蒸肉。本来阮籍的这种行为在世人眼中算是个褒义形态，可是被潘侍郎这么一说反倒成了贬义词。

马希声不傻，当初高郁大放厥词马希声就把他给杀了，可如今对潘侍郎的话语却充耳不闻，原因无他，就是这个人不值得杀。相比较杀人，吃鸡可有意思多了，而马希声钟爱吃鸡还缘于一个人——后梁皇帝朱温。

朱温和马希声其实并没有什么交集，朱温死的时候马希声才十四岁，可不知道怎么回事马希声却对朱温神交已久，就像一个追星的小孩般哈朱哈得不行。而当马希声听说朱温特爱吃鸡肉，而且一顿要吃好几只鸡时，马希声便立志要从吃鸡肉上超越朱温。

一天要吃五十只鸡，这是马希声给自己定下的目标，可是马希声又不是老虎，也没这么大胃口能吞下五十只鸡啊。所以这给厨师造成了很大困扰，如何取材鸡的精华部分加以不同烹制成了他们的老大难问题。

四、朱温的膜拜者

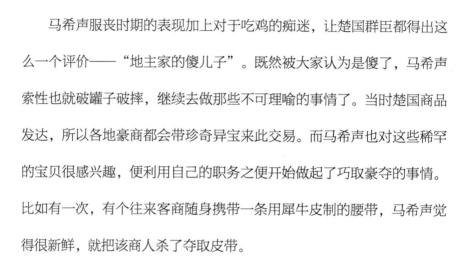

马希声服丧时期的表现加上对于吃鸡的痴迷，让楚国群臣都得出这么一个评价——"地主家的傻儿子"。既然被大家认为是傻了，马希声索性也就破罐子破摔，继续去做那些不可理喻的事情了。当时楚国商品发达，所以各地豪商都会带珍奇异宝来此交易。而马希声也对这些稀罕的宝贝很感兴趣，便利用自己的职务之便开始做起了巧取豪夺的事情。比如有一次，有个往来客商随身携带一条用犀牛皮制的腰带，马希声觉得很新鲜，就把该商人杀了夺取皮带。

巧取豪夺这事情可能只针对一部分人，而接下来马希声做的这事可是让老百姓都无法忍了。后唐长兴三年（932）七月，楚国发生了严重的旱灾，田地间颗粒无收。可在这当口马希声却杜绝民间祭祀朝拜的行为。当然，从我们现代社会唯物主义的角度来看，百姓求雨这种事情算是封建迷信。可是马希声这么搞却未必真是智商在线，在打压封建迷信。而且，在当时整个社会风貌普遍信这个的时候，马希声这么做在百姓眼中就是不敬鬼神，是要遭报应的。

果不其然，在那之后没多久马希声就病了，而且病得很严重。有传言说这恰恰是因为马希声不敬天神，所以招致了这一惩罚。但倘若我们站在唯物主义的角度来看，这很有可能与他日吃五十只鸡的行为有关，鸡鸭鹅都是发物，在一些病患人的菜单中是属于忌口的食物。马希声虽然没有患病，但如此高强度地吃鸡，就算健康的人都有可能吃出病来。

长兴三年（932）七月，做了两年湖南之主的马希声去世，他给后人留下的除了那一身的笑点外再无其他。但从一定程度上来说，当初他诛杀高郁的行为又显得那么正确；否则，精明权重如高郁是绝对不会允许有这么一个白痴后生在自己头上发号施令的。

马希声死了，但他却走得很突然，虽然他并没有留下什么子嗣，虽然马殷也早已提过"楚国君位，兄终弟及"；可是，马希声没有指定谁接班，那么接下来那几个弟弟可都起了不安分心思。

为了避免楚国再出一个像马希声这么奇葩的废柴君主，大臣们一致拥立素有贤明的马殷四子马希范继承大位。长兴三年（932）八月，马希范到达长沙，继任马希声之位，成为楚国的第三代掌权人。

由于马希声生前并没有王爵，所以死后便被追加了一个看起来根本不能算是谥号的谥号——衡阳王。对比马殷的谥号武穆王，这个"衡阳王"怎么看怎么让人觉得是野路子。也正因为马希声这个前车之鉴在，所以马希范一接班就考虑到了正名问题。李嗣源对于新上任的马希范只给了一个武安军节度使兼侍中的职位，对比之前马希声的职务，这明显又缩水了一轮。

这样的结果显然马希范无法接受，于是他亲派使者前往北方给李嗣源上贡，并婉转地表达了自己的内心想法。长兴四年（933）正月，李嗣源的第二批任命下来了，马希范荣升武安、武平军节度使、检校太尉、中书令、潭州大都督府长史、扶风郡侯。这次官职虽然很多，但还是没到点上，四个节度使的职位只给了俩，连马希范最看重的楚王都没有给。

不过，官职可以慢慢去求，但眼前的棘手问题却必须要尽早解决。马希范在刚刚坐稳君位后就突然意识到一件事情，自己排行老四，除去早在马殷时代就被剔除的大哥马希振外，马希范还有个三哥马希旺，虽然马希旺和他是同一年出生，但长几个月也是长，兄终弟及逃不开长幼秩序。

更令马希范不满的是，这个三哥和短命鬼二哥是一母同胞，也就是说也是嫡子。要想自己这主君之位当得名正言顺，必须除掉这个绊脚石。马希范于是下令将马希旺革去官职软禁在了自家府内。马希旺的生母袁德妃本以为自己是马殷的正宫王妃，又是先君马希声的母亲，马希范会给自己三分薄面。可是面对袁德妃的求情，马希范很干脆地拒绝了，不久之后，袁德妃急病攻心，抬腿去见马殷了。随着袁德妃的病故，被幽禁的马希旺也深感人生无望，郁郁而终了。

这边政敌刚除，又一个天大的好事砸中了马希范。长兴四年（933）十一月，后唐皇帝李嗣源病故，这位被称作是"后唐最贤明"的皇帝在他短暂的执政生涯中亲眼见着周围邻居轮番更替，却不能做些什么，还让后蜀趁机独立了，他走的时候想必并不安详。李嗣源死后，儿子李从厚接班，刚上台的中原皇帝自然要好好封赏下四方小弟，所以马希范如愿以偿地被封楚王。

此时的全中国局势又有了新的变化，统一北方的依旧是后唐，现任国君李从厚。在马楚的东面，徐知诰已经在政治博弈中击败了徐温亲子徐知询，成了南吴帝国的实际掌权人。而在南吴的东南面，吴越国刚刚也经历了一场新旧交替——五代十国时期的"活化石"钱镠病故了，其子钱传瓘接班。而在吴越南面的闽越国，那是怎一个"乱"字了得，王审知的孝子贤孙们正在疯狂血拼内斗。

马楚的北面，此时南平国正值高从诲当政，此人在任期间乏善可陈，没什么大事发生。马楚的西面是孟知祥刚刚建立的后蜀国，但此刻孟知祥身体状况却亮起了红灯。马楚的南面，此时依然是南汉开国皇帝刘龑在位，这位和马希范有姻亲的皇帝在统一岭南大部之后也开始出现了一些危机，比如一直隶属于岭南的交趾地区此时就发生了叛乱，刘龑派兵征讨还无功而返。

如果说五代十国时期南吴的死敌是吴越，那么马楚的死敌必然是南汉。马楚在岭南地区占据了不小的一块版图，这让南汉国很不爽，也成了刘龑永恒的心病之一。后唐清泰三年（936）三月，南汉国突然对马楚不宣而战，蒙、桂两州告急。

之前我们就已经说过，马楚王朝有四个节度使，除一个挂名外，另外三个都是实权，也就是说马楚被分割成三大军区。最核心的湖南地区自然是武安军节度使掌控，西北地区的朗州一带则由武平军节度使掌控，而岭南地区的占领地则由静江军节度使掌控。现如今官拜静江军节度使的是马殷的儿子马希杲。之前我们也提到过马希杲，他在与南平国的战斗中有过精彩表现，所以有他坐镇南方似乎也不会有啥大问题。

看似没有问题的表象却隐藏着极大的问题，这问题就来自于马希范对弟弟的不放心，马希杲很优秀，但也因为他的优秀让百姓无法全身心地膜拜自己。所以身为帝王，马希范决不允许有任何人分担并威胁到皇帝的帝位，哪怕是自己的弟弟。

刘龑的突然入侵让马希范有些震怒，他亲率大军准备南下迎战汉军。其实这种边境小摩擦，有马希杲坐镇广西应该不至于出现大的失误。所以马希范的重视就只能说是"醉翁之意不在酒"了，他南下抗敌是假，诈游云梦泽擒韩信是真，而马希杲就是他要抓的"韩信"。

结果如预想的那样，马希杲被马希范带回，而南汉国见马希范御驾亲征，也识相地掳掠一番后撤走了。马希范并没有立刻杀掉马希杲，而是故作大度地将他调任到了朗州，可是后来马希范越想越不对劲，几番权衡之下还是毒杀了马希杲。

乍眼一看，马希范自登基以来似乎就没干过什么好事，其实也不尽然。当我们将目光投放到马希范的内政上时，我们总还是能发现一些闪光点的。比如说马殷当年留下了一个天策府的班底，这个班底让马希范觉得很受用，他准备沿着父辈的足迹，将这个幕府进行深化挖掘，真正打造成马楚国准一流智囊。

唐太宗不是搞了个"十八学士"吗？马希范这边也想搞！于是经过一番操作，廖光图、拓跋恒、李宏皋、李宏节、徐仲雅、彭继英、彭继勋、李铎、潘起、卫曦、李庄、徐牧、裴頠、何仲举、孟元晖、刘昭禹、邓懿文、萧洙这十八人跻身为天策府十八学士。

这其中为首的廖光图，其父亲正是当年投奔马殷的廖爽，之前他还有位弟弟也提到过，就是那位单挑斩杀了高季兴义子的勇将。这也真是实现了当年那句"马得草料必肥"的谶语。

这些人有些在马殷时代不过是一介书生，就算是进了天策府也只是政府圈养的文人罢了，因为马殷有要重用的人。可是如今换成马希范做主，那他便是致力于将这些人不光是仅仅作为文人看待，而是作为一种朝廷的支柱力量推上台面。毕竟，马殷的时代已经过去，无论如何楚国都需要新人，能够撑起一番天地的安邦之才。但是，选用书生治国真的没问题吗？当年西汉时期，汉元帝刘奭也和马希范怀有一样的心思，进而用了一帮儒生来治国，面对的却是乃父那句："乱我汉家天下者，太子也！"西汉由此而衰也是真事。而这边马希范所用的这批人会不会也引发"书生误国"的恶果呢？

从马楚王朝后期的问题来看，这些人似乎也未起到什么太大的破坏作用。但是仅因为如此就断言他们有功于国家似乎也有些偏颇；毕竟，客观来讲，高郁死后马楚就再也没有出过一个能有能力左右朝政并理清朝政的人。岔开再说句题外话，这些大学士的私德也不尽如人意，以廖光图为首的诸位学士是马希范的赌友，马希范和他们聚赌早已是常事。王府之外经常能听到他们啸聚为乐的吆喝。而这些人中，唯有拓跋恒是一股清流，坚决不与他们混赌，所以也在一定程度上遭到排斥。

当然，随着马希范地位的巩固，他身上所隐藏的毛病也在不经意间爆发出来，成为长沙城内外街头巷尾议论的焦点。

第五章

众驹争槽

一、大王不容易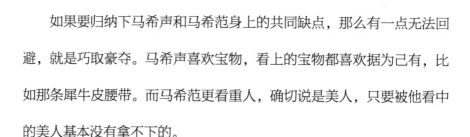

如果要归纳下马希声和马希范身上的共同缺点，那么有一点无法回避，就是巧取豪夺。马希声喜欢宝物，看上的宝物都喜欢据为己有，比如那条犀牛皮腰带。而马希范更看重人，确切说是美人，只要被他看中的美人基本没有拿不下的。

有一次，马希范看中了长沙城中一位富商的妻妾，于是他便下令手下将富商乱刀砍死，将其妻子劫掠回宫中。然而这位妻妾却是个硬茬子，换句话说就是贞洁烈女，眼见自己即将被马希范玷污时，她就抢下马希范的佩剑，拔剑自刎了。

哥哥杀人越货，弟弟杀夫夺妻，这些乖张的行为似乎已经提前预示了楚国的末路。高郁是个千年难遇的经济型人才，他给马殷所攒下的家底还足够马希范再挥霍个一二十年的。"手中有粮，心里不慌；腰包有钱，爽过神仙。"光是搜罗各地美女又怎能让马希范满足人生呢？在马希范后宫日益充盈的同时，他也发觉早先老父马殷给他留下的宫室太破旧，太老了，所以他决心重新修葺。

这第一个该修的便是天策府，人的一生据说有一半的时间是用在睡觉上的，而放在马希范身上，这剩余一半肯定绝大多数是在天策府庙堂上度过的。他在这里批阅奏章，在这里和一干学士畅谈人生，畅谈理想，如果不把这个地方修缮得完美，那又如何烘托出氛围呢？于是乎，新的天策府开始动工，从一幢破旧的老天策府陡然间成为一座襟连十余座建筑的豪华宫廷。

这些建筑的栏杆都是用金镶玉打造的，墙壁上则用朱砂涂抹，地板则用白藤铺垫，总的来看，耗费成本可以千万计。而其中规模最大，最引人瞩目的当数主殿九龙殿了。这个大殿的顶梁柱是八根用沉香木雕刻而出的盘龙，所有盘龙都涂抹了金粉，这八条死龙加上马希范这条活龙，便构成了九龙殿的主打要素。

而马希范在生活上的腐败及政治上的不作为也很快引发了"恶邻效应"，当你财富盈余而你的实力又看似无法庇佑住这些财富，那么距离你最近的邻居便会对你火速下手，此时的马希范也遇到了这个情况。

马楚王朝的北边此时是后晋和南平国，自从高季兴死后，马楚和南平就再也没爆发过战争，而一直唯中原政权马首是瞻的马希范也不曾开罪过后晋。马楚的东面是雄极一时的南吴国，但是目前这几年南吴国发生了激烈动荡，先是禅位给徐知诰后南吴变成了南齐，而后徐知诰改名李昪，南齐又变成了南唐。南唐立国基调就是与南方诸国形成睦邻友好关系，所以马楚东线也很太平。

马楚的南线是刘龑的南汉，刘龑这几年也在衰老，心力已经大不如前。上次北攻蒙、桂二州无功而返后，刘龑又派出亲子南下征讨交趾，可惜惨败还折了亲儿子的性命。此刻的刘龚只想安安稳稳度过晚年，顺利完成交接，至于和马楚干仗，那基本是留给后来人了。

所以环顾四周，此时能给马楚造成威胁的便只有西部了。我们所熟知的，马楚西部只有一个后蜀国。但是这并不意味着马楚和后蜀国之间就没任何其他势力，在古代国界线还没达到如今这番精确的地步时，国与国衔接部往往就会形成三不管的真空区，而马楚和后蜀之间也有个真空区——湘西。

中华人民共和国成立初期，湖南省的行政规划在湘西一带设有怀化市和吉首市，后来根据实际情况，吉首市一下子成了湘西土家族苗族自治州。那有人便会好奇了，从地级市转变为民族自治州，这背后是否有什么缘由呢？其实这恰恰是根据客观现实进行规划的。

在先周时期，整个中国南部地区被广大的少数民族所占领，这些少数民族主要由两大世系构成，一种是自旧石器时代便已扎根在此生活的百越世系，他们分布在南及越南，北抵长江，东至大海，西到巴东的庞大区域内。而另一大世系则是蚩尤战败的遗族——苗瑶黎世系，我们都知道涿鹿之战蚩尤被黄帝斩杀，部分民众被炎黄部族收编成了"黎民"。但是，仍有相当庞大的蚩尤部族不愿接受黄帝的统治，转而向南方逃窜，形成一股强大的势力，并在尧舜时期转化为盘踞在湖北湖南的三苗。舜执政时再次对三苗打压，散落的部众继续往南逃窜，成了今天的苗族、瑶族、黎族祖先。

　　而那个时候，汉族（确切地该称呼为华夏族）在南方的比重是多少呢？粗略估计是 19 ∶ 1 的差距，也就是说当时中国南部中每 20 个人里面，只有 1 个是汉人。而当时汉族的生活范围又是怎样的呢？最庞大的区域是盘踞湖北、湖南的楚国芈氏政权，但是当时楚国还没扩大到鼎盛时期，所以整个湖南南部未被拿下。其次还有两个较小的区域，一个是占据苏南一带的勾吴国，另一个是占据今天重庆一带的巴国，此外其他政权都是少数民族建立的，甚至我们熟知的越国、古蜀国。

　　那么，我们不由得要好奇了，华夏先民是在怎样的情况下能在南方站稳脚跟，并把 19 倍于他们的百越世系、蚩尤世系给反向扭转的呢？这里面我就得岔开来讲三个划时代的人物。

　　首先第一位便是吴大帝孙权，吴国在三国时期被视作是最没有存在感的国度，因为很多大战都是魏蜀之间爆发的，而吴国给人印象更多的则是捡漏儿。事实上并非如此，吴国的战争并不少，但吴国战争的主要目的不是参与到与魏蜀争霸的对外战争中，而是聚集力量，消灭自己辖区内的百越民众。我们翻阅史书，动辄会发现很多吴将的个人履历里少不掉一条——征伐山越，而且动辄就是破万人。据保守估计，吴国存在的五十年中，至少让 300 万百越民族从历史中消失了。可以毫不夸张地说，孙吴还未建立前，即使在苏南一带，建邺城（南京）的京畿外围，都可能有山越生活的遗迹，但在吴国灭亡时，整个长江中下游平原已经罕见山越民众了。对比蜀国虽然南征西南夷，魏国北击乌桓、匈奴，但他们都未能很好地消化这些人，西南夷后来建立了濮部政权，北方民族更是南下占据中原。而唯有孙吴，妥善地解决了境内民族矛盾问题。

孙权只是解决了华东地区的民族问题，但是广大的中部，尤其是两湖地区，却因为多种原因长期得不到解决。而后来南朝宋横空出世的宋文帝刘义隆恰恰便是这第二个划时代人物，在他在任期间，委任自己的第三子武陵王刘骏配合三位旷世名将沈庆之、柳元景、宗悫对湖南湖北地区的山越进行集中性的打压，基本消除了该地区的民族纠纷。

而于此之后到了唐朝，最后一个划时代的人物也出现了，这个人就是开闽圣王。开的传奇事迹以后会在闽越篇章中提及，这边就不赘述了，但这个人的横空出世，让华南地区也弭平了民族纠纷。

但是这只是从大范围角度来看，而如果细化角度看的话，整个中国南部区域中还有些边远的深山老林仍被山越所盘踞，其中就有湘西。湘西这个地方在古代可以用一句话来说"离长沙太远，离贵州很近"。我们别看今天湘西已经是湖南的一部分了，可在当时，那地方根本和湖南八竿子都打不着，湖南的主体区域还是海拔不算高的地区，可是湘西却是一派崇山峻岭的险象，既阻隔了地理上的交往，也阻隔了文化上的交往。所以自然而然湘西地区成了南方少数民族仅有的几个较为庞大的据点之一了。

回过头来，自从马殷立足长沙开始，和湘西一带的少数民族就接连爆发了大小规模的战争。先是南吴降将吕师周一举荡平了辰州、叙州山越的叛乱，而后老将姚彦章又在西部捶打了这两州的蛮兵数年。

但是，当马希范执政的时候，危机来了，一场针对颠覆马楚王朝的民族运动爆发了。之所以不将这次叛乱称为叛乱而是称为民族运动，就是从其结果来看的。最后这次运动成功了，还顺道建立了一个绵延八百年的湘西土司王朝。

这次带头挑事的人马希范也认识，而且仔细一掰扯，两人还是亲戚关系。因为马希范的正宫娘娘是当初江西逃难来的彭玕的女儿，而彭玕有个弟弟叫彭瑊，彭瑊有个儿子叫彭仕然，而彭仕然就是这次闹事的匪首。也就是说，马希范媳妇的堂兄弟造了自己的反。滑不滑稽？滑稽背后也有一个疑点，即一个江西来的流亡分子怎么就成了湘西造反的头目了？

所以，部分持怀疑意见的学者就认为这个彭仕然压根就不是什么江西彭家之后，而是湘西本土彭家。其争议最大的方面就是假如彭仕然是外来户，是不可能被湘西本地土著如此拥戴的。但是似乎大家忽略了一点，即彭玕他自己在江西的时候也是少数民族，南方的少数民族有些别看地理上隔着远，但是没准就是一个民族的，既是一个民族的，那他们的语言文字就有共通性。就拿汉族来说，虽然已经被分割成八大语系，但统一的汉文字却是维系整个民族的纽带。

我想这不同地域之间的同一少数民族也必然有着这样或那样的文化认同，这也使得彭仕然在到达湘西后很快如蛟龙入海，成了该地区的少数民族首脑。

回过头来，抛开这众说纷纭的历史遗案不谈，我们就从史料处入手，看一看这次彭仕然的湘西少数民族运动，最终又是走向何种境地的吧。

二、标铜立柱

后晋天福四年（939）八月，溪州（今湖南永顺一带）刺史彭仕然突然率领他手下的一万山越兵杀出深山老林，开始向毗邻的马楚国重镇发动突袭，这番强大攻势之下，楚国辰、澧两州多个重镇遭到毁灭性打击。

劫掠得手后，彭仕然紧接着宣布溪、奖、锦三州独立，脱离马楚王朝的建制。为了使这次运动名正言顺，彭仕然直指当政者马希范骄奢淫逸，剥削民众为他大兴土木，而自己这次起兵就是希望率领族人摆脱马楚的残暴统治，建立由山越人民当家做主的国家。

马希范心里很郁闷啊：你们又不是楚国的纳税人，只不过逢年过节上贡些东西罢了，我底下的纳税百姓还没指责我剥削他们呢，你们造哪门子反？不知道此时的马希范有没有想过和这位堂舅好好谈谈，但是从彭仕然的这一系列操作来看，他是铁了心要和马楚分地而治了。

似乎是受了当年伯父彭刺史的启发，这时候彭仕然也想到了借助外力，而与他毗邻的后蜀国就是个天然盟友。此时的后蜀国老皇帝孟知祥已经死了，新上任的蜀后主孟昶不过是个年方弱冠的后生，对于一些内政外交的事务基本都是托付于一些老臣处理。

面对彭仕然丢来的橄榄枝，蜀国君臣眉头一皱，觉得事情并不简单。首先我们得说一下，后蜀相对于前蜀来看，版图稍微有些缩水，它的东线由襄阳退至重庆一带，北线也由甘陕退到广元。其次，从孟知祥脱离后唐独立开始，到消灭董璋独霸蜀地前前后后用了将近八年时间，这八年时间里把蜀国打得是民生凋敝，不堪再战。

所以，此时蜀国朝臣的意见都是：不参与、不答应、不拒绝。要出兵可以啊，但是几时出兵，从哪出兵这些都得等朝臣商议之后才能定断，等于给彭仕然开了一张空头支票。这边彭仕然碰壁，那边马希范也开始了军事部署。天福四年（939）九月，即彭仕然宣布独立后的一个月内，马希范就派遣左静江指挥使刘勍、决胜军指挥使廖匡齐领兵五千，迎战彭仕然。

这个廖匡齐我们之前也已经提过了，他曾在和南平国交手的战争中一战斩杀了高季兴义子高从嗣，因而勇冠三军。但是之后不久，他却因为酗酒而将同僚将官揍得半死，结果被贬去邵州当教练使了。这次马希范火线提拔廖匡齐，让廖匡齐铭感五内，他决心以死报国，消灭湘西的山越。

这一次马楚国委派前去剿匪的五千人全是衡阳一带征调的山地兵，对于山地作战自是得心应手，即使彭仕然选择在山林里打游击，那么楚兵也有能力进深山老林里平叛。战争一开始果然如马楚一方料想的那样，这帮山越兵抢抢老百姓确实是得心应手的，但是一旦对阵马楚的正规军立刻败下阵来。在平原地区交战讨不到便宜的彭仕然下令全军撤回山地，与楚军进行游击战。天福四年（939）十一月，楚军终于把彭仕然的部队围困在了一座山林之上。但是这座山林地势险峻，无形之中增加了楚军进攻的负担。

两大楚军主帅一碰头一商议基本定下了这个基调：兵是不可能撤的，彭仕然的人头也得砍下来，否则这次行动就是失败的！于是乎，两大主帅一声令下，这些山地兵"嗷嗷嗷"地就往山上爬去。

彭仕然一开始没承想楚军在山地作战也能这么得心应手，便有些大意。可当山下斫木声此起彼伏地响起时，彭仕然再傻也知道这帮人要做什么了。于是他赶忙让士兵严阵以待，对着冲杀上来的楚军就是一顿箭矢、滚木、礌石等利器招呼，仰面而攻本来难度就大，这么一套下来整个楚军阵势大乱。而廖匡齐作为主帅还在前头压阵，一个大石头砸下来就将他砸得脑浆崩裂了。楚军由此损失了一大主帅，而廖匡齐也实现了生前乱立的誓言——以死报国。

这样的局面让刘勋有些犯愁了，思来想去只能是两种结果：一是班师回朝，等待马希范降罪；二就是继续围攻，取得最终战争的胜利。刘勋在经过一番思想挣扎之后还是选择了第二点，毕竟，自马楚立国以来，在和少数民族对抗的战争中，还没有过临阵脱逃将领的先例！

可是，经过廖匡齐仰攻的这波操作，五千楚军至少折损了三分之一，所以再用这种模式只怕彭仕然没死，老刘就成光杆司令了。所以要破彭仕然还得从别的地方做文章。此时刘勍脑海里突然闪过一个人物——丢了街亭的马谡。马谡似乎也是居高临下妄图给敌军重创的，而他之所以会失败，全在于魏军断了他的饮水，而对付彭仕然是否也可采取这种方法呢？

刘勍经过一番勘察，还真有了意外之喜，他几番搜索之下果然发现了山中潺潺流淌的溪流，而这溪流恰恰就和彭仕然山顶的饮用水相通。但是由于地形因素，断水似乎并不能完全做到，可是刘勍却想到了另一招——下毒！

战争嘛，本来就是不择手段的，尤其是目睹了同事廖匡齐的阵亡，现在刘勍连扒彭仕然皮的心都有。说到做到，刘勍立刻下令士兵大剂量地给水里下毒，虽然流水有稀释作用，可是如此大剂量投毒，再稀释也没用。

饮水过后的山越兵立刻出现了中毒征兆，他们一个个四肢无力，瘫倒在地打滚。在估摸着时间差不多的情况下，刘勍发起了第二波攻击，只不过，他这次更精明也更狠辣了。对于彭仕然的山越兵，刘勍采取了当年老前辈李唐对付永州民族兵的那招——火油烧杀。不计其数的箭涂了火油朝着山中部射来，一旦射中山间的藤蔓很快火势便蔓延开来。

火势沿着藤蔓一直往高处烧去，顿时彭仕然藏身的窝点成了一片火海，那些山越士兵在这场大火中被烧死的不计其数。等到火势散去，刘勍派兵上去查看，在这尸横遍野的山上，居然没有发现彭仕然的尸体。

原来，老奸巨猾的彭仕然在中毒那一刻就知道楚军随时会攻上来，所以他留了一手。当他看到楚军放火烧山时，便知道自己的机会来了，因为楚军一旦烧山便意味着不会派兵上山，这样他则可趁乱逃出生天。彭仕然在这一带钻山沟沟习惯了，早就知道这四通八达的山路如何走，所以他完美地逃了出去。

回过头来，我们并不能因为刘勍这次让彭仕然溜走而否定他的能力。平心而论，这次刘勍的打法有不少可圈可点之处。首先，他知道参考马谡战败街亭的典故从水道入手，这是第一处妙笔。其次，他没有因循守旧，照搬照抄，而是另辟蹊径选择水中下毒，这是第二处妙笔。第三，他在下毒成功后又利用了火攻，这火攻也得益于下毒计策的成功。因为如果彭仕然的士兵还保留着高昂战斗力，那么当火势一烧起来他们就会及时救火，从而让火攻计策无法成功。正是刘勍这一环套着一环的连环计，才让彭仕然吃了如此大的苦头，称其为善战之将并不为过。

但是，只要是没有抓住彭仕然，赢再多仗也是枉然，马希范可不会关注这场战争的过程，他要的只是结果。而现在的结果就是彭仕然逃之夭夭，不知所踪。刘勍这边也没有放松对彭仕然的搜捕，很快，便有消息传来说彭仕然在锦州一带的山林中出没。锦州相当于今天的湖南湘西凤凰古城到贵州铜仁一带，这块地方可没今天建设得这般好，在当年还是一片荒芜，彭仕然选择此处藏身也是恰到好处了。

刘勋在接到线报后火速作出行动，他率领人马赶到该地区的山林一带，并进行拉网式搜捕。其实现在的状况对于刘勋或者彭仕然来说就是麻秆打狼两头怕，彭仕然躲进了深山不假，可是刘勋也面临着军队减员过半，后勤维持不足的窘境。一旦说彭仕然和当地山越民众取得联系，那么死的很可能是刘勋自己了。要想在短时间内杀掉彭仕然，刘勋心里还是拿不准的。

就在刘勋准备再度发动对彭仕然残部的打击时，彭仕然却派人前来和谈了。彭仕然不愧是乱世中摸爬滚打的枭雄，他深刻明白在乱世中只有活下去才是硬道理。人死万事空，当年那位死在李唐手里的江华瑶族英雄坟头草已经两丈高了，彭仕然可不想步他后尘。更何况，战争打到这个份儿上，彭仕然在山越民众心目中的公信力急剧减弱，他让民众感觉他闹事前所允诺的那一切再也无法兑现，这就是个愚弄百姓的战争贩子。

在历史上，新朝皇帝王莽也曾靠愚弄民众来满足自己的私欲，"周公恐惧流言日，王莽谦恭未篡时"，王莽没做皇帝前百姓对他有多爱戴，那么王莽称帝后百姓对他就有多憎恨。此时的彭仕然也感到自己接连失败后隐藏的庞大危机，手下的这帮人会不会狗急跳墙杀了自己向楚军邀功？且不说远的王莽，就说近的黄巢，他不就是在四面楚歌之际被外甥林言砍掉脑袋的吗？

越想越怕的彭仕然只得派人与刘勍进行接洽，看看能不能找到双赢的局面。天福五年（940）正月，彭仕然派遣儿子彭师暠为使者，带领着田洴赟、覃行方、向存祐、罗君富四位酋长，并携溪、锦、奖三州官印，来到刘勍军中，十分谦逊恭敬地要求臣服投降。

面对敌方投降，刘勍虽然很欣慰，但是他深知自己没有资格进行受降的，所以连夜派人前往长沙征求马希范的意见。按照马希范睚眦必报的性格，似乎不会接受彭仕然的投降，非得将其绑缚京城，斩首示众才解恨，可是马希范却出人意料地接受了。是因廖匡齐之死而悲悯，还是说因彭仕然的姻亲身份而留情，我们已经不得而知了。或许，这一切仅仅是为了马希范能更好地享乐罢了。仗一直打下去，耗财耗力，何必呢？

为表示诚意，马希范先命令刘勍将部队撤回马楚国内，然后约彭仕然互派使者，双方缔结和约。既然都说了是和约，那就不是无条件投降，彭仕然自然会提出一些自己的诉求，而马楚方面也会仔细比对，删去一些无理要求，留下些合乎常理的要求。

和谈前前后后持续了一个多月，经过双方的唇枪舌剑，基本达成了如下议和条件——"自古以来，代无违背，天福四年九月，蒙王庭发军收讨不顺之人，当都愿将本管诸团百姓军人及父祖本分田场土产，归明王化。当州大乡、三亭两县，苦无税课，归顺之后，请只依旧额供输。

不许管界团保军人百姓，乱入诸州四界，劫掠该盗，逃走人户。凡是王庭差纲，收买溪货，并都募采伐土产，不许辄有庇占。其五姓主首，州县职掌有罪，本都申上科惩，如别无罪名，请不降官军攻讨。若有违誓约，甘请准前差发大军诛伐。一心归明王化，永事明庭。上对三十三天，下将神祇为证者。"

翻译成白话文基本是以下四大点，一是政治上，湘西三州划归为彭仕然山越部族的聚居区，在该范围内，彭仕然拥有绝对的行政权，可自行处理该地区的酋长及百姓，马楚政府无权干涉。而楚国的百姓则不得轻易进入山越聚居区。二是经济上，山越地区自此以后不再向马楚王朝纳贡，所有的赋税都由山越内部自行收取，但允许马楚的臣民和山越地区少数民族进行通商。三是军事上，自此以后，山越人民不再履行给马楚服兵役的职责，马楚也不得在该地区抽调壮丁。四是管理上，马楚开放部分官职给山越地区大大小小的酋长，他们在该地区做酋长的同时也是马楚王朝的在编官员。

当然，在这四点要求之上，有一条最为重要的，那就是彭仕然必须尊重马楚国家领土主权的完整，对外坚持"一个楚国"的原则，即湘西的山越地区是楚国神圣不可分割的一部分。

仔细看完这些条件，我们会发现敢情好处都被彭仕然占了，马楚只能占到一些名义上的好处，但这对于马希范来说足够了。能用钱解决的事那都不是事，把钱砸在维稳上可比用在战争上强多了，这一小撮少数民族从来就不是马希范的大敌；他的敌人或是外部的帝国主义，或是底层的平民，或是朝堂上那些藏得很深的官员。

既然和约达成，那么马希范考虑到要以怎样的形式作为留念呢？他突然想起了八百年前的老祖宗伏波将军马援，马援曾经在平定越南地区地方民族叛乱后，做了一件很拉风的事情——标铜立柱，以竖立铜柱的方式来确定东汉最南端的疆界，这一举措和"燕然勒石"齐名了。

所以，马希范心血来潮之下也决心效仿先辈，来一出标铜立柱的戏码，溪州铜柱由此而生。这根铜柱是由合金铸造，底部为八边形，恰好划分了八个铜柱面，每个面都是长3米左右、宽10厘米左右的矩形，而柱子的平均直径则是35厘米。自设立在溪州时起便一直伫立，历经千年风雨保存至今。

三、关门自己杀

当然，在这次战争之后，马希范也并非一无所获，比如贵州一带的少数民族看到彭仕然的事迹后，也纷纷遣使来朝拜马希范，请求依彭氏旧例，归于马楚王朝的统御之下。马希范自然热衷于这种花钱买太平的美事，于是乎，和约开疆之下，马楚王朝名义上的疆土又往西推进了近千里，此时马楚王朝的疆域到达了第二个鼎盛时期。

我之前就说过，马楚王朝一共有两个版图鼎盛时期，其一是马殷收编庞巨昭后，版图南推至珠三角一带，还拿下了海南岛，但是那个极盛时期存在时间很短，很快便被刘䶮打回原形。第二次便是这马希范当政时期，这次版图达到了第二阶段的鼎盛时期，而存续年代也要比第一时期长久得多。

更为重要的是，这次的和谈催生出一个新的政权模式，即湘西黔东南一带的土司王朝，这样的土司王朝遍布该地区，并存续了近八百年，直到大清入关后才被"改土归流"的洪流所吞噬。仅从这点来看，马希范虽然没有解决掉该地区的民族问题，但也称得上是一位划时代的人物。

当然，身处当时的马希范自然是不可能领会到自己这一举措的重大历史意义。对于他来说，不打仗了，便可以骄奢淫逸地继续过太平日子，马希范不想像父亲马殷一样，一辈子让自己处于被动的战争中，到头来什么都没得到。

那么，如何让自己的生活变得更有乐趣一些呢？修缮宫室、强抢民女，这似乎已经无法满足马希范的兴趣了，他突然把目光盯准了自家的宫廷卫队。刘秀感慨过"任宦当作执金吾，娶妻当得阴丽华"，可见，一支拉风的仪仗队能给上至君王、下至草民带来多大的吸引力和震撼力。

后晋天福八年（943）十二月，马希范开始打造自己的亲兵卫队——银枪都。对比杨行密当年黑袍黑甲的黑云都及钱镠白帽黄盔的武勇都，马希范的银枪都已经落后数十年了。但是马希范却要后来者居上，给他们一人配了一套豪华的装备，镀铂的长枪配上纯银盔甲，走出来就像是

"流动的雪花银"。

要知道，在古代低劣的生产力之下，开采铂金的难度甚至比提炼水银还要难，我们不清楚这支部队镀铂金的地方只是枪头还是说整杆长枪，哪怕只是一个枪头，那成本都是难以计算的。因为这不是一杆枪，一支银枪都整编是八千人，八千杆铂金枪想想都很惊人，更何况还有那一套银制铠甲。打造这样一支军队的成本绝不亚于整场湘西战役的军费了。但是高郁确实给马家留下了丰硕的家底，如此厚的资本足够马希范挥霍的。

可是，虽然银枪都看着很拉风，但他们都是些中看不中用的花架子。因为这些人都是马希范从"良家子"中选拔出来的，何谓良家子？用今天的话来说这帮人都是膏粱子弟，而且还得是颜值爆表的膏粱子弟。至于能不能打，中不中用，抱歉，这还真不是马希范所要考虑的问题。

用国家资源来搞这么浮夸的东西，普天之下也就南吴杨渥的马球盛宴可以匹敌。但很可惜，整个马楚国有望成为徐温一般匡扶朝政的高郁已经被诛杀了。剩下的人虽然不满，但从来不会起弑君之心，更遑论弑君的能力。"小时了了，大未必佳"，当年那个被戏子皇帝李存勖夸赞为人才的马希范怎么做了楚王后就这般昏聩，又或是，马希范本就是和李存勖物以类聚的绣花枕头。

搞完银枪都，马希范终于感觉到钱不够用了。他选择了一条封建社会最古老也最直接的方式——加征税收。马希范这边加征税收，那边农民就生活不下去,跑路做了流民了。但马希范全然不顾:失地农民我不怕,土地纳入我麾下。

在出现大量失地农民之后,马希范派出邓懿文对全国无主的荒地进行统计并收归国有,再去招人耕种。百姓可以逃,但是百姓得吃饭啊,只要一日不离开楚国,那势必还得种田过日子,以前好歹还有自己的私田,现在统统只能给马希范耕种公田,那税收更是翻了番。

拜马希范的胡搞乱搞所赐,整个楚国的农业经济濒临崩溃边缘。但幸好楚国的商业已经被高郁搞活了,所以农业经济岌岌可危之际还能勉强维持国家运转,否则,楚国也就亡在马希范这一代了。在此不由得要再感慨一声:高郁,是楚国真正的守护神啊。

在搞乱经济的同时,马楚的政治也受到波及,这时候作大死的马希范居然又玩出了卖官鬻爵和以钱赎罪的花招。前者历朝历代出现财政危机时都做过,最著名的便是东汉的"桓灵时期",那简直成了封建社会早期最典型的卖官鬻爵案例。当然,后来西晋的晋武帝司马炎成功地超越了桓灵,将历史骂名又揽到了自己头上。而后者,汉武帝是很热衷于此道的。

汉武帝喜欢用酷吏,酷吏之下冤假错案迭出。而为了平复冤假错案,受屈的人只能老老实实交钱或者说听凭处治。李广属于有点小钱的,但在交完一次之后又撞上了第二次,无奈的他只能拔剑自刎,不是忠义自负,而是真没钱!司马迁就是明明白白的没钱人,所以他只能选择被处以宫刑了。

马希范这边双管齐下，立时造成了马楚国政治刑讼两开花的恶果。政治上狗官横行，占据庙堂。刑讼上冤假错案迭出，荼毒民间。即使在这样混乱的局面之下，马希范还嫌来钱不够快，他便开始在国内掀起白色恐怖了。他听从一个叫周陟的官员的话，在楚国掀起一场相互检举的运动，官员与官员之间，百姓与百姓之间可以相互检举，互相揭发，政府按检举信抓人。而一旦被抓，管你有罪没罪，不给钱别想安稳。

按照道理，这么折腾的马希范像极了亡国之君，可是他却并没有亡国。原因何在？我想通过一个小故事解释下。

春秋时期，晋国大夫赵襄子连喝了五天五夜的酒，还没有停止的样子，于是对左右侍者说："我真是国家杰出的人才啊！喝了五天五夜的酒，还没有感到不舒服。"这时候陪他插科打诨解闷的伶人优莫就说："老哥您得加油啊，你比商纣王还少了两天呢。纣王喝了七天七夜，现在您只是喝了五天五夜。"

这话一说完，赵襄子有些恐惧，他对优莫说："既然这样，那么我要亡国了吗？"优莫笑着说："亡国是不可能亡国的。"赵襄子很奇怪，又问："只比纣王少两天而已，不亡国还能怎么着？"优莫淡定地说："桀纣之所以灭亡，是因为遇到了商汤、周武王那样的贤君。现在天下都是夏桀一样的君王，而您是商纣王，桀纣同时存在，怎能互相灭亡呢？"

这则故事恰恰生动形象地形容了马希范的处境。马希范很幸运，此时此刻大环境对他那是相当有利。后晋天福六年（941）到开运三年（946）这五年间，恰恰是整个中华大地最混乱的时刻。

先说北方，天福七年（942）六月，遗臭千古的"儿皇帝"石敬瑭病逝，继承后晋王朝皇位的是他的侄子石重贵。而石重贵这家伙也是个棒槌，他眼高手低、好高骛远的性格让他一上台就和东家契丹国较上劲了。双方连年征战，一直打到开运三年（946）十二月，契丹人进了中原，石重贵成了俘虏，这场战争才宣告结束。

契丹主耶律德光觉得扶持一个傀儡政权太费力了，一旦养出石重贵这种白眼狼，还会时不时地咬自己一口，倒不如自己做了这中原之主来得省事。于是乎，契丹国改国号为辽，正式确立了对中原地区的统治。

契丹人统治中原，这对于中原的汉民来说是好事，反正也习惯了沙陀人统治，再换一个外族也没什么区别。但是对于中原的官僚集团、节度使们来说可就不是好事了，契丹人的那套统治方法让他们应付不暇。

而对于南方诸国来说，也是不尽相同，但马希范绝对是备受契丹主耶律德光照顾的诸侯王。当初后唐、后晋两朝给予马希范的最高封号不过是楚王，而耶律德光一上台就授予了马希范"尚父"一职，这是无比尊荣的称号啊。这么一来等于是耶律德光认了马希范做父亲，而当初的石敬瑭是马希范的孙子辈，被俘虏的石重贵成了马希范的重孙子辈了。马希范一下子感觉飘飘然，不知道自己姓甚名谁了。

但对比"尚父"这个虚无缥缈的称谓，中国混乱的局势更让马希范感到惬意。耶律德光控制中原不久后果然引发了四方节度使的声讨，战火燃遍了中原大地。947年2月，河东节度使刘知远趁乱在河东称帝，依旧以后晋的天福纪年，是为天福十二年。同年四月，契丹主耶律德光败退回辽东，途经河北杀胡林时病逝。五月，刘知远大军进入汴梁，控制了京畿大权，改国号为汉，五代的第四个政权后汉由此拉开序幕。直到这个节点，中原的乱局才算是勉强告一段落。

对比北方的动荡，南方此刻局势也很混乱。首先是吴越国，吴越国二代国主钱传瓘去世后，国家由他幼子掌握，而朝政大权多依附于丞相，吴越国一时间出现了大权旁落的现象。作为吴越国的老邻居闽越国，此时已经从地图上被抹掉了，它亡于945年，恰好是中原契丹人为王的时期。而灭亡闽越国的恰恰是当时的南方霸主——南唐。此时的南唐，一代圣主徐知诰已经作古，他的长子李璟做了南唐皇帝，我们可以称呼他为保大帝，也可以称呼他为中主。

南唐虽然灭亡了闽国，但自身实力也损耗颇多，尤其是在闽越国灭亡后还深陷战争泥潭无法自拔。而马楚最头痛的邻居南汉国，此时也是内政混乱，无法扩张。自从上次蒙、桂战争结束后，南汉老皇帝刘龑的身体就一天不如一天，没过多久就撒手西去了。刘䶮的三子刘玢继承了皇位，可是与此同时，南汉国内有自称"如来的弟弟"张遇贤作乱，为了平乱，南汉国库几乎为之一空。诡异的是，这伙在南汉国内掀起腥风血雨的邪教妖人最后却是被南唐给灭掉了。

也是在张遇贤作乱期间，刘玢被他弟弟刘晟所害，刘晟成了南汉国新皇帝后，一方面开始捕杀其他兄弟，另一方面则致力于医治战争创伤。至于给北方老邻居外加舅舅马希范捣乱，刘晟可没这个闲情逸致了。

而在马楚的西边，后蜀国孟昶也开始亲政，他亲政后的第一件事便是进行国内大清洗，那些往日欺他年少的大臣都没落得好下场。仔细一看周围大环境，马希范真是很庆幸自己生对了时候，比他弱的不敢招惹他（南汉、南平），和他差不多的又忙着自己的事（后蜀），比他强的自顾不暇（南唐、辽）。一言以蔽之，在马希范执政的最后几年从不存在"强敌环伺"这个词！

大环境对于马希范这么优越，但凡马希范有一些进取之心，他也应该趁机扫平一些政权。可惜，他没有，非但没有，他还喜欢自己给自己制造麻烦。自己掏空了国库，自己弄乱了国政，自己丧失了人心。

作为天策府十八学士中的那股清流，拓跋恒忍不住出来劝阻马希范，他直言不讳地说："陛下自幼生于深宫，长于妇人之手，未曾吃过稼穑之苦，更不知先王开疆的凶险。陛下终日骄奢淫逸，掏空了国库却不知足，可知自己驭下的百姓已经困苦不堪？孱弱的闽越已经灭亡了，消灭它的正是我们的强邻南唐，等它结束掉闽越战争，我们所面临的南唐将更加强大！而南边，南汉国一直对于我们在岭南的领土垂涎不已，一旦等刘晟恢复实力，岭南也必危啊！"

拓跋恒对马希范一条条分析局势，可是马希范充耳不闻，因为他知道，所谓南唐、南汉也是各家有各家的苦，哪有闲工夫管自己？

四、同室操戈

但是拓跋恒仍不死心，他眼看分析外部局势无法说通马希范，他又给马希范讲起了国内局势。拓跋恒引经据典地说道："陛下，古人有云'足寒伤心，民怨伤国'，您现在听从周陟的奸计，早就让底下离心离德了。一旦有警，您又如何指望百姓们忠君爱国呢？"

拓跋恒所说的这些也许是真话，但绝不是马希范此刻想听到的话。拓跋恒却又是一个文化人，这让一身艺术细胞的马希范犯了难，杀他岂不是要担上"害贤"之名？于是乎，左思右想之下马希范决心效仿先人，以刘聪拒见陈元达的旧事为榜样，拒绝再见拓跋恒。

只不过拓跋恒显然没有陈元达那么硬气，当被君王拒见后他没有选择一死了之，而是选择了苟且偷生，这一偷生便是十年，其间熬死了马希范，送走了马希广，见到了马希萼和马希崇的兄弟阋墙，最后迎来了南唐王师。

马楚国进谏的人里面虽然有拓跋恒这样的软脾气，但也有丁思觐这样的硬骨头。丁思觐是武将，按理说"文死谏，武死战"，像他这样的武将应该死在战场上，可惜却死在了进谏之路上。

丁思觐在契丹人入主中原的当口便向马希范建议，应趁此天赐良机发兵北上，一举击溃契丹兵，到时候成为中原百姓救世主的马希范还怕不成为万民拥戴的领袖？丁思觐是武将，所以对于马希范平日里的胡作非为他也不想多说什么。但是武将有武将的诉求，征战沙场、建功立业是他的夙愿，他觉得君临天下、一统四海也该是马希范的夙愿。

可惜丁思觐想错了，此时的马希范形销骨立，早就不是当年豪情万丈、北入洛阳的少年郎了。他身上的抱负、心中的雄才早在他当上楚王的那一年便喂狗了。丁思觐在朝堂上慷慨陈词，说道："先王出身行伍，以战功而得湖南，奉朝廷以法不臣，相传三世，辟地千里，带甲数十万。"马希范眼前浮现的是不屑和轻蔑："先王？先王早就作古了，现在的大王是我！"

当丁思觐直言："如今中原有变，群龙无首，正是真主廓清环宇的天赐之机。大王应倾国之力，率荆襄之众以进宛、洛，成就桓文之功。"马希范则又是一番摇头："称霸天下，那是梦里的事吧。谁会把睡梦中的事情当真？"

可是当丁思觐最后说道："可惜大王你抛却雄心壮志，耗尽国库大兴土木，耗尽身体沉迷女色，这样又能持续几何？！"这一刻马希范完全愤怒了，他拍案而起，直接将丁思觐下诏贬为庶民。武将出身的丁思觐也很果决，在听到这一消息后，扼喉而亡！

如果说拓跋恒和丁思觐的事反映了庙堂之上群臣对马希范的意见，那么渔夫戴偃的行为则是抒发了底层民众对于马希范倒行逆施的痛恨。戴偃年少之时就享有诗名，又喜好黄老道家之学，被人称为"玄黄子"。马殷那时候楚国还是很富庶的，所以让戴偃觉得这是个养老的好去处。

可是戴偃在楚国没待几年，马殷就死掉了，马殷死后，马希声、马希范相继为王，结果却一个不如一个，如今马希范当政，戴偃想做个渔翁都避不开盘剥。愤怒的戴偃便写诗讽刺，将马希范比作是贪得无厌的大鱼，称呼他"总把咽喉吞世界，尽因奢侈致危亡"。写就罢了，戴偃还生怕马希范看不见，便托人带给了马希范。马希范不是文盲，这种反诗他一看就懂；只不过马希范也不是历史上那些无道之君，不至于为这件事搞个"文字狱"来杀头。但戴偃是必须要惩处的，于是马希范派人将戴偃囚禁在碧湘宫，美其名曰"给他换个宽敞的地方钓鱼"。

戴偃平日里好在还有一些文学好友，这些人冒着杀身之祸跑来将戴偃救走了，而后戴偃便带着女儿流亡南汉，最后不知所踪。戴偃这个渔夫的死活对于马希范来说并不重要，逃便逃了，日子照过。

然而，丁思觐的那几句话就像是一个魔咒，很快就应验在了马希范身上。他的胡作非为在掏空楚国国库的同时也确实掏空了自己的身体。

在中原王朝后汉建立后不久，马希范的身体也开始亮起了红灯。

天福十二年（947）五月，马希范弥留之际喊来了胞弟马希广，并将其火线提拔，授予武安军节度副使、天策符都尉职位，暂理楚国国政。为保弟弟顺利登基，马希范又急忙调回了老臣拓跋恒，交付他托孤之责。而后，马希范就死了，终年四十九岁，谥号文昭王。

纵观马希范一生，在位十五年间胡作非为，将一个富庶的楚国推向了濒临解体的边缘。而如果非要给他找一两件善事来为他的帝王生涯做注脚，那估计只可能是组建天策府十八学士及招抚湘西少数民族了。他这一生，该享受的都享受到了，至于身后之事，那只能如路易十五那句名言"我死后，哪管洪水滔天"所说的了。

马希广在排位来看并不占优势，因为他是马殷的幼子，在他之上还有几个哥哥活着，若论兄终弟及，那怎么都不可能轮到他的。但是马希范的强行干预让马希广即位成了可能，所以在马希范去世后的第一时间，马希广暂代了楚国国政。

只是，马希范生前压制下的矛盾在马希广接班后便接二连三地爆发出来了。首先是朝堂内部，一部分老臣对于马希广接班提出了异议。他们声称兄终弟及的法则下，得立长，万万轮不到马希广这个马殷幼子接班。而这撮人里面居然就有马希范的托孤大臣拓跋恒！马希范尸骨未寒，顾命大臣便立刻跳反，这反常的行为似乎也预示着楚国的穷途末路。

拓跋恒仗着自己托孤大臣的身份，规劝马希广说："如今国家正值多事之秋，主少国疑会酿成大祸的。你的兄长马希萼是个人才，我觉得他当楚王很合适，你看呢？"当时的马希萼任武平军节度使，坐镇朗州，是马楚二号实权人物。（之前说过，楚国按照节度使划分可以划分为三个军区，以湖南本土为根本的武安军节度使，以朗州为根本的武平军节度使和以岭南为根本的静江军节度使。）

但是以李宏皋、邓懿文为首的臣子则大肆指责拓跋恒："你说的这叫什么话？文昭王（马希范）遗命就是让马希广接班，你还是他点名的辅政大臣，现在居然问马希广怎么看？你简直就是包藏祸心，兄终弟及谁当不是当，分个鬼长幼！"

跳得最起劲的李宏皋更是说道："有嫡立嫡，无嫡才立长，马希广和文昭王是一母同胞，当仁不让的嫡子！舍弃嫡子，而立老婢之儿，可以吗？"咱们这位李学士的文化底蕴就有些水了，马殷的正妃是马希声和马希旺的母亲袁氏，真要论立嫡立长，当初马希范都得算是非法即位。现在马希范堂而皇之成嫡子了，这不是让人笑掉大牙的事情吗？

而这时候当年老前辈张佶的儿子张少敌出来反驳李学士了："我不和你讨论什么嫡庶这些有的没的，我就和你说说形势。马希萼平日里以刚狠闻名，不可能屈服于幼弟马希广之下的。而且他坐镇朗州期间，早就和湘西一带的山越有密切来往，他日若山越兵和朗州兵相联合，谁能抵挡得了？你能抵挡得了吗！？"

张少敌的父亲张佶是马楚第一任朗州刺史，所以对于整个朗州地区的情况，他比任何人都了解。当然也有可能他早就与马希萼交好，所以故意夸大马希萼的能力，毕竟都是朗州一带出来的嘛。

大家就在马希范的灵堂前你一言我一语吵得不可开交，全然不把马希广这个未来的楚王放在眼中。但是刘彦瑶却突然灵机一现，打破了这个僵局。他私下里找到马希广说：“殿下您现在手握大权，长沙城中的军队尽归你调遣，你想做楚王又何必看别人脸色？退一万步讲，就算您仁德想谦让，不愿意做这个楚王，那也应该为咱们这帮追随你的大臣考虑下啊？若真让马希萼做了楚王，我们今日为您叫好的大臣能有善终？”

刘彦瑶这番话句句在理，无论是出于对这些人性命的担忧，还是对楚王之位确实有些心羡，马希广都最终决定出手了。马希广一声令下，楚王之位手到擒来。

当上楚王的马希广和历任楚王一样，都得知会一声北方中原王朝。此时的中原王朝是窃国大盗刘知远当家，这位名不见经传的小人物趁着契丹人四面楚歌之际，侥幸进入汴梁，窃取了天下。天福十二年（947）七月，北方的委任状又下来了，马希广被封为天策上将军、武安军节度使、江南诸道都统、中书令、楚王。

对比两个哥哥——马希声和马希范，马希广的第一波受封就给得很足。但北方的认可不代表楚国国内的认可，楚国国内的认可不代表马希萼的认可。这位被拓跋恒和张少敌一致描绘得神通广大的马希萼终于出手了。

马希萼是马殷的第三十子，从排位上看，这并不靠前，但是放在眼下，他那些年长的哥哥都已经作古，所以他便成了年纪最大的马殷儿子。和马希范一样，马希萼也有个胞弟，叫马希崇，此刻的马希崇正在长沙城内，替这位兄长传递着一波又一波引人肝火的不利消息。

天福十二年（947）十月，即马希广被封楚王的第三个月，马希萼终于来了。他打出的名义是给先王马希范奔丧，但这次奔丧却声势浩大，马希萼随身带了不少朗州兵士。

作为马希广帐下的首席谋主，刘彦瑫自然知道马希萼脑子里想些什么，于是他向马希广建议，在城外设伏，拿下马希萼。马希萼这边气势汹汹地前来奔丧，哪知道居然被刘彦瑫给摆了一道，还没进入长沙城就被外围的都指挥使周廷诲的大军给活捉了。马希萼带来的朗州兵被缴了武器，而马希萼本人则和之前那位渔夫诗人一样，被囚禁在了碧湘宫。

"见面不如闻名"，张少敌和拓跋恒吹嘘马希萼如何如何厉害，眼下却成了阶下囚，刘彦瑫不由感到可笑。按照道理，成功拿下马希萼之后只要一刀了事，就再也没有祸患了。刘彦瑫是这样想的，但是他主公马希广却做了个奇葩的举动，他说："马希萼是我的兄长，我不忍心杀死他，我要和他兄弟分国，我统长沙做武安军节度使，他统朗州做武平军节度使。"

马希广这番话很可笑，如果真像他说的那样，要兄弟分国，那他还活着的几个兄弟是不是也得一人拿一份？那样下去还会有楚国？此外，既然你都要兄弟分国了，那软禁马希萼算哪出？恶作剧？

随后，马希广派人赠送大量礼物给马希萼，希望马希萼尽快返回郎州，继续当他的武平节度使。马希萼得了便宜还卖乖，走的时候更是放下狂言，声称自己以后还得再回长沙来。仅隔了半年，马希萼终于如他所言，卷土重来了。只不过，这次马希萼却打起了外交牌，趁着北方后汉老皇帝刘知远病逝，新主刘承祐登基之际，马希萼派出了使者，以朗州武平军节度使的名义前往朝拜。

后汉乾祐元年（948）八月，马希萼的使者到达汴京，他给刘承祐转达了马希萼的意思：希望后汉王朝册立武平军节度使独立建国，地位与马楚等同。马希萼这么高调地做事，自然也就惊动了他的弟弟——马希广。马希广连忙派使者入京朝拜刘承祐，并用重金打点了后汉的几位重臣，让这些重臣规劝刘承祐拒绝马希萼的请求。

刘承祐新主登基，说实话，马希萼是谁、马希广是谁他都拎不清，更别说这两兄弟之间的恩怨了。但是马楚的块头大，利益高低刘承祐还是拎得清的。乾祐元年（948）九月，刘承祐拒绝了马希萼的请求，还下诏要求马希萼和马希广和睦相处，不得再窝里斗了。

五、王朝终结者——边镐

马希广在对待马希萼的态度上让人觉得有些困惑。先前把他囚禁起来了又不杀他，还允诺与其兄弟分国。这一次马希萼派使者请求中原王朝的册封就是想在名义上兄弟分国，可是马希广却又横加干预，在一旁作梗。

看到这里，大家是不是觉得马希广脑回路有些不正常啊？确切来说是有些奇葩。同样，马希萼也是这么觉得的。马希广的这一系列操作已经让他感到相当愤怒了，大军南下讨伐也就是时间问题了。可是以武平军一军之力硬撼整个马楚王朝，似乎有些困难。正当马希萼积极扩军备战之际，马希广这边也受到了第三方的挑战。

如拓跋恒当年劝说马希范的那番话一样，南唐和南汉从来没有放弃过对于马楚国土的垂涎，马希范在位时他们没出兵不是因为心慈手软，而是因为确实抽身乏术。而现在，其中一个强劲对手已经缓过来了，它将对马楚发起第一轮的冲击。

这个对手便是南边的南汉国，南汉国此时的国君是刘晟，刚上台的几年他忙着清除兄弟及恢复张遇贤作乱时留下的战争创伤。可是到马希广在位的这一年，南汉国的国力也基本恢复得差不多了，是时候开始进行一波扩张了，而最让南汉刘家三代人牵肠挂肚的便是马楚在岭南地区的版图，这块版图曾是刘䶮一生的两大伤痛之一（另一个是交趾）。

刘晟自认为自己是刘䶮优秀的继承者，所以拿下岭南也是势在必行的事。乾祐元年（948）八月，刘晟假意向马希广请求联姻，在遭到马希广拒绝后，他悍然发动了战争。这一次是南汉名将吴怀恩领军，巨象指挥使吴珣作为副手，两人合力攻打楚国的贺州。

大家也许会对吴珣的头衔感到好奇——巨象指挥使？没错，岭南的南汉国凭借着自己得天独厚的热带条件，还训练出一支其他国家所不具备的特种兵——象兵。虽然这种部队很少亮相在南汉的对外战争中，但是在刘䶮统一岭南的过程中还是或多或少地露脸了。

马希广在得知南汉入侵的消息后，也做出了抵御措施，他委派决胜指挥使徐知新、任廷晖率兵救援贺州。然而，马希广似乎高估了自己这边的战斗力，同时也低估了南汉国那方面的战斗力。马希广所委派的两位将军还未到达战场便传来了贺州失陷的消息。但是既然马希广交代给他们任务了，那么无法救援贺州就只能虎口夺食，从南汉手中再次把贺州给夺回了。

但是他们也低估了南汉军的战斗力及谋略方面才能。吴珣在南汉可是一位出名的智将，他早就在贺州城外设好埋伏，等待着楚军的自投罗网了。傻乎乎的楚军主帅徐知新就这样一步步踏入了南汉军的死亡陷阱，而这一踏入便是万劫不复。

马楚军中埋伏后，很快遭到了南汉军的掩杀，徐知新似乎在以往军事培训中从来没有学过中伏后该怎么脱身，于是惊慌失措的他率先丢下部卒，自个逃命去了。楚军在前线的失利也大大挫伤了岭南地区楚军守将的士气，在南汉国高昂的攻势下，与贺州毗邻的昭州也陷落了。南汉的先头部队还一度打进了全州，马楚国在岭南的版图受到了一次冲击。

但是刘晟也不是贪功冒进之人，他深知此时的楚国实力还在南汉之上，如果打长期消耗战必然是南汉方面先拖不起，所以他见好就收。拿下贺、昭、全三州后他便勒令前方军队停止进攻，固守此次战争的战果。

这要搁以前，南汉在马楚南疆搞了这么一件大事，马楚方面铁定是要报复的。但是马希广统治下的楚国已经不比当年了，马希范掏空了国库，搞坏了政治，让马楚这台国家机器开始出了故障。更为可怕的是，马希萼这枚定时炸弹也在此刻爆炸了。

得益于南汉的捣乱，马希萼已经顺利完成了朗州地区的总动员工作。募集到的军队让马希萼坚信自己已经具备和马希广一战的实力了。于是他一声令下，朗州军团发起了南下攻势。这一次，一贯脑回路不正常的马希广依旧很迷糊，面对马希萼的南下，他召集群臣，痛哭流涕地说道："马希萼作为我的兄长，他做这个楚王是理所应当，我应该把楚王让给他！"

这番话说出口，群臣抑郁症都犯了：你要是想让位早干吗去了？当初马希萼来长沙奔丧的时候就应该让位，现在和我们说什么鬼话！？

刘彦瑫作为马希广的心腹，再次陈述了让位的危害：你和马希萼嫌隙已生，此时让位非但楚王没得做，连性命也保不住！被刘彦瑫这么一恫吓，马希广又转变念头开始积极备战了。这一次他委派抵御马希萼的将领是当年马楚军界传奇王环的儿子王赟。当年王环从一名小兵慢慢成长，最后通过几次大战一跃成为与长官许德勋并列的名将，这在楚国军界中都是一个无法模仿的神话。"虎父无犬子"，作为王环的儿子，年少有为的王赟同样不容小觑，年纪轻轻就做了岳州刺史。此时安排王赟对阵马希萼还真能说明马希广是找对人了，因为王赟将在此次战争中大放异彩。

王赟作为主帅，刘彦瑫负责监军，两人统帅楚国的水师，在湘江之上负责阻击马希萼。这一战，史书上未花太多笔墨进行描写，只知此战马希萼大败，光水军战船就被俘获三百多艘。

王赟自然知道除恶务尽的道理，刘彦瑫对于马希萼也是满怀杀意，可是就在二人联手追击马希萼的关键时刻，马希广又不知道哪根筋搭错了，下达了停止追击的诏书。刘彦瑫自然是气得牙痒痒，而王赟心里也是暗恨马希广。其实王赟对于马希萼并没有太深的敌视态度，甚至王赟在政治立场上还属于骑墙派，如今马希广当政，他自然要竭力讨好马希广，为其扫平障碍。

但是马希广放弃这么珍贵可以置马希萼于死地的良机，在王赟看来，马希萼日后必会翻身重来，无端开罪于马希萼，这会让王赟日后在楚国的日子也不好过的。可是毕竟现在马希广才是王，再没有脑子的命令，他们也只能照办。

在王赟和刘彦瑫放弃围捕返回长沙后，马希萼也得意洋洋地回到了朗州。马希广的网开一面没有让马希萼抱有丝毫感激，相反，他很厌恶马希广这种"猫捉老鼠"的游戏；如果有机会，马希萼更喜欢做那只可以主宰的猫。

"事不过三"，这已经是马希广第二次饶恕马希萼性命了，老天似乎也早已对脑回路时好时坏的马希广放弃了，命运的天平开始向马希萼倾斜。湘西，曾经马希范宽仁远怀的试验地，此刻却莫名地和马希萼走向了一起。这次湘西跳出来闹事的酋长叫符彦通，早在马殷时代他便是当地瑶族中小有名气的人物了，奈何马希范时期彭仕然风头太盛，所以符彦通只能作为配角存在于彭仕然叛军中。

彭仕然虽然给湘西少数民族带来了丰厚回报，且开创了湘西彭家八百年的土司王朝；可他本人却在战后不久也病逝了，一时间彭家有些暗淡。少数民族和汉人思维不同，汉人讲究效忠，讲究从属。可是，这些对于当地民族的人来说都是毫无存在理由的，你彭仕然厉害咱们就服你，你彭仕然死了后代不行谁会理你？所以符彦通此时就成了湘西少数民族新一轮的民族英雄。

那既然当了民族英雄，就必然要给本族人民带来一些回报，否则公信力也会减弱。马希萼派出使者和符彦通接洽，符彦通便觉得这是扬名立万的机会，当下应允了。因为，除了能借机收割一波民众的支持率，马希萼还允诺了符彦通事成之后可以大肆劫掠长沙城，这种名利双收的事情符彦通怎能不动心？

后汉乾祐三年（950）六月，马希萼的郎州军团与符彦通的湘西山越集团完成会师，首战就拿下了马楚重镇益阳，还阵斩了马楚方面的守将陈璠。两个月后，朗州联军又攻克迪田，斩杀了守将张延嗣。

连损两将让马希广感到事态有些不妙了，他连忙派指挥使黄超领中央军前往迎战，但是这个酱油型将领黄超确实只能起酱油调味的作用，依旧死于马希萼和符彦通之手。惊慌失措的马希广只得派遣牙内指挥使崔洪琏率兵七千驻守长沙西侧的玉潭镇，希望构筑起一道防线，阻碍马希萼前进。

但天真的马希广万万不会想到，拉符彦通助拳只是马希萼南下的第一步，而第二步已安排在路上了。马希萼同样不会想到，自己安排的第二步，最终没能用在马希广身上，反倒用在了自己和弟弟马希崇身上，并最终敲响了楚国灭亡的丧钟。

在讲马希萼第二手之前，我们不妨先插播一个人，也许这个人在中国漫长的历史上并不能算是赫赫有名的战将，但他却是直接将马楚从地图上抹除的标志性人物，他的名字叫边镐。

边镐，字康乐，是土生土长的南京人。南唐虽然定都南京，却鲜有本地人名动朝堂之上，而边镐便是这为数不多的其中一人。边镐属于那种"凡事都会那么一些，凡事又都不精"的综合型人才，能文能武还懂佛学，这种人就让李璟有种怦然心动的感觉了。他身边的那些人，要么是那帮只会舞文弄墨的酸腐文人，要么就是刘仁瞻这类古板木讷的边镇武将，要么就是南京寺庙里的那些僧人，可边镐却集三者之能，什么都能和李璟说上一段。

李璟刚刚即位的头年，南汉地区又爆发了一次毁灭性极强的叛乱——"如来弟弟"张遇贤作乱，这场暴乱让南汉损失了近一半人口。而张遇贤在南汉流窜一段时间后又觉得无油水可捞便向北越过南岭来到了南唐的江西境内。李璟眼见邻国的暴徒居然来自己地盘上撒野，气不打一处来，便准备收拾下，而恰好此时边镐很得他心意，于是派边镐领军平叛了。

也别说，在张遇贤这种妖人面前边镐还是有两把刷子的，所以三下五除二便将那伙贼人给消灭在江西了。李璟当时就惊讶了：这位如来的弟弟可是让南汉人口少掉一半的啊，你居然把他给灭了，莫非你是未来佛弥勒佛下凡？自打那时候起，边镐的善战形象便印入李璟脑海。

几年后，李璟发起了对闽越的灭国性战争，除了委派心腹五鬼领兵外，边镐也参与了这次战争。经过一系列复杂的战场转变，南唐在付出极大的代价之下，终于拿下了闽越国一半的领土。而这次战争中，由于五鬼表现极差，所以表现一般的边镐居然又成了全场焦点。

这么一来，边镐在李璟心目中的地位陡然升温，这也让他的名字最终得以和马楚的灭亡所挂钩，但这种挂钩于边镐来说是喜是忧，只怕也只有他自己明白了。

第六章

湘江北去

一、来去匆匆的南唐

"没有家贼引不来外鬼"，这句话在任何时代都不过时。石敬瑭引狼入室殷鉴不远，马希萼却重蹈覆辙了。他接连败在马希广手中不从自己的德行反思，反而归咎于自身的实力不足。借兵湘西少数民族只是马希萼的第一步，第二步自然是拉一个超级大国助阵。

环伺周围，此时此刻还能称得上超级大国的屈指可数，在马希萼北边的是南平国，此国国小民寡，实在不成气候；而更北边的北方正值后汉国初立，局势相当不稳。在马楚的西边是后蜀，在十国时期，无论是前蜀还是后蜀都在搞一件事：关门闹独立，所以邻国纠纷他们一概不参与。马楚的南边是南汉，此时的南汉皇帝刘晟是马希萼名义上的外甥，当然，也自是马希广的外甥。况且南汉国力也在衰退，并不适合前来助战。

在南汉国的东北方以前是吴越、闽越两国，但是此时此刻闽越已经从地图上被抹除了，留在该版图上的是南唐、吴越及半独立的清源军。所以思来想去也就只能让南唐参战了，很快马希萼的使者赶赴金陵，请求南唐出兵相助。

李璟一如既往地慷慨，后汉乾祐三年（950）九月，李璟册封马希萼为同平章事，并将鄂州一年赋税拨给马希萼做军费。同时，南唐的楚州刺史何敬洙作为先头部队，率先西进楚国。

这一次，马希广再也不能淡定了，马希萼的朗州军不足虑，湘西的少数民族兵虽然凶悍，但也有着联合作战默契度不高的弱点。但南唐一旦出兵可是泰山压顶的危势，要知道就在五年前，存在了数十年之久的闽越国就是被南唐一夕之间灭亡的。

这个时候，主战派刘彦瑫向马希广提议说："此时朗州军和山越部队都集结在益阳一带，朗州城防御空虚，我只需大王拨给我一万精兵，数百艘战舰做掩护，一战可下朗州城。"老刘的战略构想是打掉马希萼的后方据点，那么失去依靠的联军势必只能在城外作鸟兽散了。

对于马希广来说，此时再给马希萼留情只能是自掘坟墓了，所以他立刻采纳刘彦瑫计策，命刘彦瑫率兵直取朗州；为防万一，马希广还派了马军指挥使张晖率骑兵策应。这个计划看起来万无一失，而且操作初期也确实神不知鬼不觉地摸到了朗州联军的后方。但是朗州外围的百姓由于马希萼连年征战搞得民不聊生，所以自发性地箪食壶浆以迎王师。这么一来，尴尬的一幕出现了，原本偷偷摸摸的偷袭成了正儿八经地进军，百姓的热情反倒给刘彦瑫带来了麻烦。

得到消息的朗州联军及时追上，于是双方在湄洲打了一场遭遇战。老刘一如既往地踢了一脚"香蕉球"，原本他打算用火攻对付下风位的朗州联军而且还确实取得了一定效果；可是突然之间风向一变，老刘自家的舰队成了重灾区。湄洲之战，马楚政府军几乎全军覆没，刘彦瑫仅率数百名残军逃回长沙城。但好在马希广安排了双保险，此时另一支张晖的策应部队却悄悄来到了朗州外围。

这时候再一次地体现出"一将无能累死三军"的古训，原本张晖可以偷袭拿下朗州，完成预定任务，可他在听闻刘彦瑫失败后也放弃了原计划。撤军途中，张晖的部队又被马希萼朗州联军围困在了益阳，无耻的张晖居然欺骗部下说自己先突围出去，而后两面夹击敌军。可逃出生天的张晖便一去不回头了，苦了城中九千士卒悉数在破城后被屠杀。

主动进攻连番失利后的马希广希望再以和谈的方式逼迫马希萼退兵，可是如今形势比人强，连马希广派去的使者一看苗头不对都投靠了马希萼。信心爆棚的马希萼决定第三次发起对长沙的总攻，这一次他是注定要消灭马希广了。马希萼让儿子马光赞留守朗州，自己则以朱进忠为先锋，打着"顺天王"的旗号南取长沙。

一路上马希萼如"战神附体"般迅猛，先是击溃驻守玉潭的崔洪琏，而后又迫降了之前击败过自己的岳州刺史王赟。一个月后，马希萼已经顺利完成了对长沙城的三面合围。然而，历史的吊诡之处往往在于，你能顺着思路预料出好几步后突然爆出一个冷门，让你猝不及防。这边也一样，在这种情况下，结局不是以马希萼的强攻破城或是马希广的主动投降，而是以第三种神奇的走向画上终点。

乾祐三年（950）十二月末，马希萼对长沙城发起了总攻，而被马希广委以重任御敌的马希崇以及许可琼接连做了投降党，一时间长沙城门户大开，马希萼几乎没怎么费力就杀入了城中。马希崇和许可琼，一个是马希广的亲弟弟，一个则是马楚开国老将许德勋的儿子，他们的投降出乎包括马希广在内的长沙城中全体文武官员的预料。

城破之时，一幕幕众生相演绎出来，吴宏和彭师暠在不屈抵抗后被俘，之前益阳城内抛弃部下逃命的张晖则是主动投降；而作为马希广的心腹刘彦瑫则拼死杀出一条血路，在千余残兵的掩护下带着马希范和马希广的全部子嗣逃到了南唐袁州，申请政治避难。

而作为长沙城的主人马希广自然毫无疑问成了阶下囚，其余他所谓的"党羽"，除老刘顺利逃脱外，几乎全被马希萼擒获。城破总得杀人应应景，主动和被动地收降了一批顺臣后，马希萼终于在这些"乱贼"身上找到了发泄口——一律抄斩！而作为参战的山越军队，他们的要求很简单，简单到淳朴，但也简单到可怕的地步！长沙城的富庶成了他们可以纵情洗劫的资本，短短三日，自马殷以来几代楚王累积的物质财富化为乌有，长沙城豪奢的经济风貌也被一扫而空。

乾祐三年（950）十二月二十日，坐镇长沙城的马希萼自封天策上将军，武安、武平、静江、宁远四军节度使，楚王，成了马楚第五位君王。为了不留祸患，他下令处死了被囚禁的马希广。

而楚国虽然有了新国王，可是山越部队的打砸抢烧似乎还在持续进行中，为了尽快让国家恢复到正轨，马希萼颁布法令严禁底下兵士再扰民。

事情发展到这个局面，似乎有个重要人物一直被我们遗忘了，那就是马希萼请来的强大睦邻——南唐。由于此战马希萼打得太顺了，以至于南唐军队还没杀到湖南境内，战争就结束了。既然不需要用到南唐了，马希萼便想打发了事，所以他派遣使臣刘光辅出使南唐，向李璟表达这么个意思：称臣照旧，但你们的军队就别进来了。

南唐保大九年（951）三月（因此时马楚已称臣南唐，故用南唐年号），刘光辅到达南唐的首都金陵城。然而，也许是天亡马楚，刘光辅一到南唐境内就率先做了投降党，学着"张松献图"对李璟说了一句意味深长的话："湖南民疲主骄，可取也！"

李璟选择出兵原本就是奔着"搞地皮"去的，可是马希广太不禁打了，南唐军队还没杀到，马希萼就做了楚王，所以如果要捞取点实质性好处，再次出兵势在必行！而刘光辅的这番话更坚定了李璟的决心，于是被李璟倚重的金陵籍本土将军、曾经剿灭"如来弟弟"张遇贤的边镐先生再度出山。

而湖南的局势果真如刘光辅所料想的那样，马希萼虽然夺得了大位，可是他并没有把控全局的能力。湖南地区再次乱成了一锅粥，而这一次首先跳反的恰恰是马希萼带来的朗州军。如果说当初联军进攻长沙，符彦通的少数民族部队是奔着钱来的话，那么马希萼自带的朗州军，多少还是有些有着崇高理想的军人。他们所图的不是长沙城中的金银珠宝，而是希望马希萼取代懦弱无能的马希广，成为能够重振马楚雄风的王！

可是得位之后的马希萼耽于享乐，让追随他的手下大失所望，于是乎一些有着豪情壮志的军官再次发起了一场倒戈马希萼的战争。为首的是王逵、周行逢二人，这二人后来开创了湖南地区的"武平军时代"，而这场战争也是湖南地区新旧两个政权的交替战。

王逵和周行逢带着千余名亲兵连夜斩关出逃，顺利到达了朗州城，而后驱逐掉马希萼留守在朗州的儿子马光赞，另立马殷长子马希振的儿子马光惠为朗州之主，打响了"反对马希萼当政"的第一枪。

但是我们都知道，要想乱世立足，找对靠山很重要，虽然王逵和周行逢侥幸控制了朗州，可要面对占据庞大湖南的马希萼及马希萼背后的南唐帝国，小小的朗州城还是很羸弱的。那么，放眼天下能跟南唐掰腕子的，除了北方的中原政权还有何人？此时中原政权是后周郭威当家，王逵和周行逢很快便给郭威送去了称臣的降表，郭威欣然应允。既然抱住了郭威这棵大树，那么自然而然要和马家划清界限了，所以马光惠这个傀儡就不要了，而此时辰州刺史刘言在湘西一带很得民心，与他结盟或许能让湘西的少数民族军队也倒向朗州这边。

很快，刘言收到了王逵和周行逢抛来的橄榄枝，也有在乱世中称王称霸欲望的刘言在思索一番后选择了接受。刘言与王逵等人结盟后迅速取代马光惠成了武平军新的领导人。

那边马光惠被赶下台，这边马希萼的日子也不好过。西晋时期，东海王司马越献出长沙王司马乂给成都王司马颖及河间王司马颙的联军，可不是为了表忠心守规矩，相反司马越有自己的野心。而这边也一样，马希萼觉得马希崇背叛马希广投靠自己是因为一母同胞的缘故，殊不知，马希崇的想法可不是这么简单。借着马希萼信任自己的便利条件，马希崇开始大肆捞权，在朝廷上广插党羽，并暗中结交以徐威为首的军界要员。

终于在一次高层宴席上，马希崇等人突然发难，毫无防备的马希萼立马成了阶下囚。盛宴之下，暗流涌动，早在马希萼父亲马殷还是孙儒军中一个小卒时，就应当目睹过一次血雨腥风的宴席。而这一次，这刀光剑影之下终于将马希萼拉回了现实。

马希崇一夜之间成了楚国的新主人，而被废的马希萼则被囚禁在了衡山县。为了方便制造马希萼"意外死亡"的完美结局，马希崇还特地安排了与马希萼有隙的彭师暠看守。可是刚刚上位的马希崇面对的局势要比马希萼恶化很多，首先对于他的上位，北边的刘言进行了点名批评。

批评过后，刘言大军南下，要替马希萼讨公道。这么一来马希崇很尴尬：明明你才是马希萼要讨平的逆贼，如今反倒贼喊捉贼！但是马希崇不比马希萼，马希萼善打，朗州叛军也在他手下混过，好歹会给个面子，可对于马希崇，他们毫无可感激的方面。于是马希崇派使者前往朗州，请求双方和平共处，马楚方面能默认朗州地区的独立。

刘言虽然对马希崇的谄媚表示不屑，但一枪不放便可获得马希崇的认可，倒也不亏，于是暂时性地答应和谈，实则在部署兵力。因为他知道，马希崇治国能力比马希萼还不如，湖南早晚还得生乱。

真是怕什么来什么，刘言猜得没错，马希崇这边刚为刘言罢兵而庆幸，哪知道那边马希萼又逃出生天了。原来当年天策府大学士廖匡图的儿子廖偃为了感念马希萼平日对天策府旧臣的照顾，居然趁人不备，救出马希萼，在衡山县扯旗造反了。当年九月，马希萼自号"衡山王"，封彭师暠为武清军节度使，廖偃为部署辎重指挥使，并截断湘江、编造战船，准备大举进攻长沙。

一时之间，湖南大地上出现了三个政权，分别是刘言的朗州政权、马希崇的长沙政权、马希萼的衡山政权。而马希萼知道自己实力不足，便又派使者敦促南唐率兵来湖南戡乱。马希崇本就没什么军事水平，如今见马希萼再度结盟南唐，而朗州又有后周撑腰，自己索性也破罐子破摔了。马希崇派出使者前往南唐，表达了请求南唐直接接管长沙的意思。

马希崇想法很简单，如果当不了土皇帝，也得当个清闲藩王，留着性命做米虫啊；而从之前闽越国亡国之君在南唐的待遇来看，各项指标符合马希崇的期望值。回过头来，南唐这边究竟是怎么一回事，何故还没见兵马西来？原来，李璟刚派遣边镐到达江西西部时，就发生了朗州军造反的事情，继而马希萼也下台了，所以李璟索性让边镐再观望观望，看看这马楚还能如何闹下去。

可这回马希萼和马希崇接连求援让李璟觉得，水已经够浑，是时候收网了！保大九年（951）十月初三，边镐率领的一万多南唐精锐将士到达了长沙城的前哨站——醴陵。数十年前，马殷正是在此处骗得了蒋勋的放行，从而开启了马楚王朝扎根湖南的历史大戏。

二、南平国的余晖

这次边镐入境同样没有遇到些许阻拦，十月十五，南唐军队就进入了长沙城。马希崇亲率马氏宗族子弟出城迎接王师。而作为五朝元老、马楚天策府老学士的拓跋恒更是文采斐然地替马希崇撰写了降表。

边镐有个外号叫"边菩萨"，这个我们之前就已说过，进入长沙城后的他依旧很佛系。开仓赈济灾民，招降纳叛，似乎与马家这两个不合格的领导人相比，菩萨边镐和他身后的南唐才是湖南人民的救世主。

鉴于之前南唐在闽越国问题上就是无法及时处理好旧贵族的安置问题引发后续的反弹，这一次边镐准备趁热打铁，迅速安排马氏宗族的东迁工作。保大九年（951）十一月初三，以马希崇为首的长沙城内马氏宗族踏上了前往南唐的客船，第一批旧贵族安置完毕。

但这只是解决完第一股势力，接下来还有马希萼和刘言两股势力。十日后，边镐兵锋西向，直指衡山的马希萼，并给出最后通牒：再不接受南唐的遣送，那么只能接受被武力消灭的结果。

这一次，曾经和马希广争位不惜打得血流成河的马希萼出奇地怂了，也许是南唐泰山压顶的威势让他知道无法抗拒，也许是从鬼门关走一遭后更加发觉活着的可贵，总而言之，手下还有万余军队的马希萼也选择了投降。

望着马希萼也踏上了前往南唐的客船，边镐觉得似乎湖南的局势已经十拿九稳了，毕竟刘言的朗州集团不比马家，他们在长沙城既没有根基，又谈不上民心。退一万步来说，就算让朗州独立了，那么湖南的大盘在李璟手里，也足可傲视南方群雄。

但是这个时候，马楚的南疆又出问题了。之前我们说过，马楚国是设有四个节度使的，除了一个徒有虚名的宁远军节度使，剩下三个分别是执掌朗州地区的武平军节度使、执掌湖南腹地的武安军节度使和执掌岭南地区的静江军节度使。

而此时静江军节度使是马殷的小儿子马希隐代领，在马希萼和马希崇先后被俘虏去南唐后，马希隐成了马家在马楚国的独苗了。而由于马希隐拙劣的能力，让一直有着吞并整个岭南地区野心的南汉国产生了想法。

在南汉国名将吴怀恩的精准打击下，桂、宜、连、梧、严、富、昭、柳、龚、象等州悉数落入南汉之手，楚国在南岭以南的地区几乎全部丢失，成为南汉的疆土。至此，在马楚国原有的版图上，马氏宗族势力被连根铲除，存在了四十四年的马楚王朝彻底烟消云散了。

但是似乎南唐也并非湖南地区的正主，在来年，连番遭受朗州军侵袭的南唐军也不得不匆匆撤出了这片土地，武平军节度使刘言随即成了这块地皮的新主人。边菩萨挥一挥衣袖，作别西边的云彩。

马楚的故事到这就结束了，虽然刘言、王逵、周行逢又相继把持了湖南大地十多年，但那已经是一个和马楚毫无联系的政权了。关于这个政权，以后有机会我会说，但绝不是现在，现在就让我们把目光转移到马楚的北面，看看这些年北方的邻居南平国又发生了哪些大事。

南平高保融即位的时候是948年，此时距离马楚亡国已是屈指可数了。一条长江似乎是一个结界，长江南边的马楚这些年的腥风血雨似乎丝毫没有影响到南平国，高保融即位很稳当。高从诲的几个弟弟都很低调，史书中未曾留下他们的较多笔墨，所以来自长辈的威胁不存在。

高从诲据说有十五个儿子，但青史留名的依旧不全，只有十一个。而高保融排行老三，上面还有俩哥哥高保勖和高保正，非嫡非长却被立作继承人，就连《新五代史》里也不忘质疑了一下他即位的原因。那非嫡非长接班还有可能是立贤的缘故啊，然而并不是，史书记载高保融是个懦弱无能的闷葫芦，甚至有些轻微智障，军国大事还需要他十弟高保勖辅佐。如此情景不由得让人想到汉少帝刘辩及汉献帝刘协这对兄弟，以及晋安帝司马德宗和晋恭帝司马德文这对兄弟。

一个懦弱的皇帝配上一个精干的摄政王，外有一群资历老、能力出众的臣子，按照一般套路这绝对是要出政变的节奏。更何况高保融还有俩哥哥在上头呢！可历史有时候就是这么诡异，在让你预料到大部分走向之后，总会爆出一两个冷门，高保融便是十足的例子。

高保融虽然庸碌无能，却异常幸运，之前提过了他的叔叔辈都很低调，而平辈的兄弟更是低调。他的两个哥哥除了留下名字外并无事迹留存，而他那几个弟弟，除了辅政的高保勖还有些能力外，其他也都是资质平平的膏粱子弟。

再放眼朝中，此时文官以孙光宪为首，作为三朝元老的孙光宪也不是贪权之人，他就像是一个踏实的老管家，竭尽全力地照顾着南平国的一切政务。在孙光宪之外，此时另有一位李载仁也走上了权力政坛中央，然而，让他载入史册的倒不是主政时期有什么出色业绩，而是两段啼笑皆非的逸事，鉴于第二件尺度稍大，在这里我就单说第一件了。这故事也许大家听过，但肯定会忽略掉故事的主人公李载仁。

李载仁有一个忌口，最怕吃猪肉，一见就头疼，视吃猪肉为受罪。有一天，当他快要骑马去见孙光宪时，他的两位部下忽然打起架来。他勃然大怒，决定狠狠地惩罚他们，于是，立刻派人到厨房中拿了一些烧饼和红烧猪肉，罚两个打架的部下，坐下来面对面地大吃大喝。旁观的人已经忍不住要笑了，李载仁又向两人训诫说："假如你们还敢再犯，下次猪肉中还要放糖！"这一来，连被罚的两人也忍不住大笑起来。

这故事大家是不是很熟悉？它时而出现在一些趣味性的故事集中，时而出现在一些哲学考题里，但最容易被人忽略的就是故事主人公的人名了。而同时期的南平武将则以倪可福的儿子倪从进为首，夹杂有王贞范、王惠范兄弟。然而这些武将也都是清一色的将二代，与高家多少沾亲带故的，自然也不会图谋高保融什么。

所以总的来看，高保融这王位坐得还是相当稳妥的。但是内部消停，外部可并不平静，高保融在位没一年北方就已经是郭威的后周当家了，懦弱的高保融选择了臣服，还破天荒地主动纳贡起来。要知道，搁以前他父亲和祖父辈时只有抢别人贡品的份儿，可还好高从海在位二十一年没怎么打过仗，积累了不少财富给高保融。

高保融没做几年王，南边的马楚也没了，南唐在占领马楚一年后，也匆匆撤离了湖南。之后的湖南便是朗州那群兵痞的天下了，这群地方军阀比马家诸子还能斗，刘言、王逵相继把权，直到最后周行逢主政才算勉强坐稳了位置。

然而，历史走到这个节点似乎无形中开始迸发出统一的曙光，南方诸国动荡不止，对比之下北方的后周却在柴荣的操盘下开始了"大杀四方"的节奏。后周显德四年（958）正月，柴荣对当时南方的霸主南唐发起了灭国性战争，并勒令南方仆从国要出兵相助。当时的吴越国和湖南军阀都做了实质性军事举动，而高保融作为柴荣小弟也不能例外，他派遣指挥使魏璘率领一百艘战船、三千士兵从夏口出兵，顺长江东下协助后周攻打南唐，直抵鄂州。高从海晚年两次攻打鄂州而不得，如今高保融没想到在后周的撑腰下打起来这么顺手，鄂州很快被拿下。

由于南唐面对多国的捕杀，李璟这个曾经在南方四处开火的战争贩子也开始顶不住了，高保融就派手下刘扶出使南唐，劝他向后周称臣。

李璟一开始还不愿意答应，可后来经年累月的战争让其心力交瘁，无奈之下只得割让江北十四州，称臣后周。由于高保融在这期间也起了一定作用，柴荣非常高兴，作为奖赏，他不仅将江淮每年的产盐匀一些给高保融，还赐了一万匹绢帛给高保融。

尝到甜头的高保融突然机灵起来，他又修书一封给后蜀皇帝孟昶，大致意思也是想让孟昶向后周称臣，毕竟此时中华大地上还以皇帝的身份抗衡后周的也就只有北方的北汉和西边的后蜀了（南汉在后周夺下淮南后也向后周称臣了）。

只不过孟昶前两年才被柴荣给揍过，还丢了四个州，心头一股气难以咽下，对于高保融这番哈巴狗行为，孟昶进行了严正、严格、严厉的驳斥和数落。高保融一见撕破脸了，也不顾情面地写信给柴荣，意思是：下次你去揍后蜀的时候再叫上我，非把这小兄弟揍趴下不可！

但是柴荣没这机会了，没过多久他就因病去世；同样，高保融也没这机会了，因为柴荣死后第二年，后周便被赵匡胤陈桥兵变所取代，北宋王朝由此建立。也是在同一年，高保融去世，他死前直接就把江山托给了那个精明强干的弟弟。高保融是幸运的，因为他死得很巧，死后还得了一个"贞懿王"的谥号，而他后面两位南平之主可就没这么好的待遇咯。

北方赵匡胤做了皇帝，南方高保勖接了班，东边的南唐也换了李煜当家，五代十国的历史已经过去，现在进入到了北宋纪年。但进入到北宋纪年的南方诸国非但没感到希望，竟渐渐有些绝望之感，在绝望的氛围之中，一些平日里兢兢业业、本本分分的人也会变得醉生梦死，得过且过。这其中，就有我们熟知的高保勖。

在哥哥还主政南平的时候，高保勖就像是一个贤王，为哥哥操心着各种政务，可是轮到他做主时，立刻又变了一副模样。宗室中，老一辈的依旧低调，平辈的依然客气，哥哥所生的三个儿子似乎也没有对于高保勖"夺位"而有什么怨恨。文官还是以孙光宪为尊，他已经是四朝元老了，但身体依旧硬朗。武将里面，早期高从诲时代的军二代也陆续作古，后起之秀李景威和梁延嗣扛起了大旗。

如此一派祥和的朝政之下，高保勖开始放纵了。他早年间身体一直不是很如意，即位之后却彻夜纵欲。而且他觉得独乐乐不如众乐乐，便把江陵城的娼妓们召到宫里面，再从军士中挑选精强体壮，器大活好的；直接就脱光了现场直播给他看，而他自己则搂着妃嫔一起狎乐为戏。为了增加情调，他还特意大兴土木营造宫殿，为这样的表演构造氛围浓厚的平台。

老臣孙光宪看得是目瞪口呆，怎么前些年辅政的时候还是一表人才，现在自己当家就一表人渣了呢？于是多次劝谏高保勖要节制，可是高保勖哪里肯听，终于因纵欲过度倒下了。

宋建隆三年（962）十一月，高保勖弥留之际便问指挥使梁延嗣："我快不行了，你觉得我兄弟辈应该立谁为南平王？"梁延嗣态度诚恳地说：

"当初贞懿王（高保融）放弃立自己的儿子而立大王您，难道大王您就不感念先王的恩德吗？我觉得应该还位于先王的儿子。"高保勖想了一下，高保融诸子中合适的也只有高继冲了，就立高继冲为嗣主。不久之后，在位不到两年的高保勖撒手西归。

三、王师南定

其实，就目前的国际局势来看，无论谁做这个南平之主都已经无法摆脱末代之君的宿命了。因为此时的北方，宋太祖赵匡胤已经在和宰相赵普的会谈中确定了"先南后北"的统一战略，而南方诸国无论是从战略上还是从难易上，南平地区都是首当其冲。也该高继冲运气不好，此时毗邻南平的湖南地区军阀周行逢死了，他的儿子周保权才只有11岁，这样的乱世中极易引发手下实权派的变故，所以周行逢的老部下张文表叛变了。

由于周行逢早年间已经向北宋称臣了，所以此时周保权致信宋太祖要求王师南下戡乱。这么一来，北宋君臣都嗅到了一丝诱人的香味：夺下湖南，在此一举。但是此时北宋和湖南隔着南平国，如果要大军入湖南平叛，必然要从南平过境，如果操作得当那会是一箭双雕的好事。

于是，在出兵之前，宋太祖派人前往南平国摸底，毕竟南平这个国家当年李嗣源打了三年也没能打下来，万一操作不当、预判失误，竹篮打水一场空的事情也不是不会发生。于是卢怀忠奉旨出使江陵，伺机观察南平国虚实。结果等卢怀忠回来时，他自信满满地告诉赵匡胤："南平不过是蕞尔小邦，国中所蓄养的兵士不过三万。而高继冲年方弱冠，陛下如今欲平湖南，正可先扫平荆南。"

宋太祖心动了，但是出兵归出兵，为了师出有名，宋太祖对外宣称只是要南平国借道。宋乾德元年（963）正月，北宋方面派遣山南东道节度使慕容延钊为湖南道行营都部署，枢密副使李处耘为副，出兵讨伐张文表。

但是当宋军路经江陵的时候，高继冲突然有些开窍了，感觉到这支部队来者不善，于是表示只愿意出钱粮犒劳王师，请王师从别处借道。可是五朝元老孙光宪却和宋军莫名契合，他直言不讳地对高继冲说："中华自周世宗以来已经出现了一统天下的征兆，现在宋朝皇帝的统一大业直指江陵，我们岂能抵挡？不如纳土归降，大王你还可以保全富贵。否则，背城一战，大王又何等下场？"

孙光宪这位五朝元老一夕之间跳反还是让高继冲有些难以接受的，毕竟从曾祖父高季兴担任荆南节度使算起，高家已经在此落户五十多年了。高继冲虽然无能，也知道亡国之君是个很丢人的身份，可是没办法啊，这江山传到他手中，早就不是高家主一言九鼎的时代了。孙光宪，这个已经做了五朝元老的臣子，似乎才是南平的真正主人。但高继冲还想做最后的努力，他派叔父高保寅及梁延嗣带着美酒佳肴去犒劳宋军。结果宋军首领慕容延钊一面假意安抚，一面则派部队悄悄围住了江陵城。

随后慕容延钊要求在江陵城外约见高继冲，可是高继冲刚一出城，江陵城就被埋伏好的宋军给一举拿下了。失望无奈之余的高继冲只得认命，南平国由此灭亡，荆南三州十七县正式并入宋朝版图。

当时南平民间流传着这么一个秘闻，说高保勖小的时候备受父亲高从诲宠爱，每当高从诲遇事暴躁愤怒之时，下人们便把高保勖带了出来。而高从诲只要一见到高保勖便会怒气全消，所以高保勖也得了一个"万事休"的笑名。结合起他一死宋军就南下灭了南平，还真合了"万事休"这个词的意思，大有和后世溥仪那个"快完了"一分高下之感。

回过头来，虽然南平国亡得悄无声息，但我还想再和大家分享一个人的故事。他叫李景威，在高季兴那个年代他便从军入伍了，而后便是积累战功，一步步地擢升，最终成为了高继冲朝和梁延嗣齐名的武将。他的故事很励志，因为他没有依靠父荫，可他的故事也很悲剧。

当宋军兵临城下之时，李景威一眼便看出了宋军的用意，他直接向高继冲请命说江陵城坚兵雄，足可背城一战，并希望高继冲能委任他以军事。但是这份赤胆忠忱却被孙光宪轻而易举地拒绝了。

后来的事情正如李景威所料，宋军拿下了江陵。这个历经五朝的老兵站在那江陵的城头，看着如血的残阳不禁哀叹：当年随武信王两下巴东，眼见他意气风发高立船头；文献王东击郢州，俺也曾擂鼓助威；可临老了，怎么就活成亡国之臣了呢？！越想越气的李景威伸出布满老茧的手，扼喉而死。

在五代十国的历史上，朝秦暮楚的文臣武将比比皆是，冯道更是凭借着官场"不倒翁"这一称号而受到世人顶礼膜拜。而哪个国家都不缺冯道这样的人，南平也一样，孙光宪便是南平活脱脱的一个"微型冯道"。可也正因为如此，相比之下李景威这样的人太少了。而一向以游刃于各大强权为资本的南平国，却临到亡国出了这么一个忠臣，不得不说是莫大的讽刺。

五代无殉国之臣，十国也是鲜有，在南唐、后蜀两个政权外，李景威成了那孤独的一个。《十国春秋》的那句"景威真浊世之佼佼者哉"似乎为他的一生做了最完美的注解。

高继冲和孙光宪都在新朝谋到了自己的富贵，高继冲活到973年，虽然死的时候年仅三十岁，但并没有证据证明他的死存在阴谋。而晚他一年上汴京的周保权则活到了宋太宗当政时期。

回过头来，我们再来说说马楚那几个亡国之君的处境。马希萼投降后被李璟封为江南西道观察使，中书令，驻防洪州，爵位上仍是楚王，于南唐保大十一年（953）去世。马希崇的待遇就明显差了一些，虽然他是最早出降的，但李璟并没有将楚王的爵位赠予他。马希崇被李璟封为永泰军节度使，侍中，镇守舒州。他一直活到后周和南唐打淮南大战的那年，还趁着战乱脚底抹油，带着一些宗亲逃到了后周境内，最终结局不知。而那个岭南地区的静江军节度使马希隐不久之后也辗转来到南唐，并随后也跟着马希崇一起投奔了后周。

从结果来看，无论是南平国还是马楚抑或是后来的武平政权，末代领导人的下场都称不上惨。而我们把视角再扩大些，南方诸国除了南唐后主李煜及后蜀后主孟昶横死外，其余诸人都有不差的下场，甚至是南汉末代魔君刘铱。而反观同时期的五代，却鲜有寿终正寝的末代皇帝，即使是饱受后人赞扬的后周亦不能例外。

结果终究是从过程中感知，在那史册冰冷的文字背后，我们是否能读懂一丝隐喻呢？

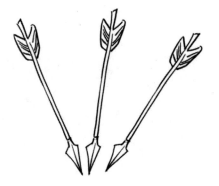

第七章

历史的奇点

一、从对抗走向联合

我们在理科学习中常常会遇到一个名词——"奇点"，这个奇点如果用文科的描述便是一个难以名状的值。而历史中往往也会遇到奇点，在这个奇点的两头便是两种截然不同的轨迹。举个例子，从先秦到秦汉，中国的历史就出现了一个奇点，这个奇点的两头分别是奴隶社会和封建社会。

但是，如果非要让人用一件历史事件来明确分割中国奴隶社会和封建社会，我想很多人或许会有不同的结论，因为历史从来就不是那么容易被以数理化的数值及恒量关系去定义的。也许是铁犁牛耕的出现？也许是郡县制度的推行？抑或是各国变法的废奴？

回过头来，五代十国时期也存在这么一个奇点，这个奇点划分了不少的东西。比如说封建社会庶族地主阶级取代士族地主阶级就是从唐末至宋初这段时间完成的，这其中自然迈不过十国。又比如说，中国商品经济独立于自然经济，中国城镇化出现，中国的"市"在空间时间的打破，等等，这一系列经济层面的变化亦是在这段时间悄无声息地发生的。但我们却难以划出一个具体的历史时间点，只能以奇点加以概括。

既然本书主要是针对马楚和南平，那么抛开其他宏大的历史层面变化不谈，仅仅立足于荆楚大地，历史在这个时间段上又对整个荆楚大地产生了何等变化？据此，我归纳了三点：一、从与中央王朝对抗到与中央王朝联合的变化。二、对于少数民族羁縻府州政策的发展。三、湖南湖北区域间微妙的变化。接下来，我将围绕这三点，来系统性地解读下马楚和南平两个政权对两湖地区发展上的奇点作用。

中华的大地上有五岳，五岳之间的地区我们唤作"中原"，中原地区说大不大，说小也不小，大致为今天河南及其周边一带。但是，这块地区成了中华历史上农业文明的源头，换句话说，这块地区就相当于今天广东的珠三角地区，它是彼时中华大地上经济发展最为迅猛的地方。也正是基于这一点，蚩尤、炎帝、黄帝分别从中原周边一带汇聚到了这片土地，争夺中原的控制权。当然，最终的结果我们自然可以知晓，炎黄结盟击败蚩尤，成为这场"逐鹿中原"的最终胜利者。

经过近千年的发展，中华的历史开始走到了真正的信史时代。作为中华历史上第一个王朝——夏朝的奠基人，大禹对于华夏的版图首次有了确定性的规划，他以九州分割华夏领域，而代表中原的豫州居其中央，确立了对万邦的统治。

但是，"罗马不是一日建成的"，同样，大一统的中华也并非一朝而定的。在六朝以前，中华大一统的矛盾一直是东西矛盾，即关中（函谷关以西）和关东（函谷关以东）的矛盾。但在这层主要矛盾以外，仍有一些次要矛盾会不时浮现，就比如荆楚政权对中央的矛盾。

自禹划九州始，荆州就一直是华夏的一部分，但是到了商周易代之际，荆州地区突然开始了与中央王朝的背离事件。在西周初年，荆州地区出现了楚国，自楚国建立伊始，便摆出了一副与周王朝分庭抗礼的姿态，西周初年，周昭王南征楚国死在汉水，东周初年，楚武王更是堂而皇之地冒爵称王，喊出了"不服周"（湖南、湖北话发音为不服啄）的口号。这便是两湖地区第一次与中央王朝的对抗。

这次对抗时间很长，贯穿了周朝，乃至东周为秦国所灭。最终这次对抗以秦灭六国而告终。但是，就此荆楚大地就真的宾服中央了吗？并没有，自秦始皇统一后，楚地就流传着这么一句话"楚虽三户,亡秦必楚"。秦末义军四起，项家打着"复兴楚国"的旗号再次走上了历史舞台，然而，最终楚汉之争以项羽的失败而告终，但崛起于湘赣一带的长沙国却接过"楚"的旗帜，独立于中央王朝之外，成了汉高祖末期唯一一个独立的异姓诸侯国。西汉末年，也是荆楚一带的绿林军率先打响了反抗新莽政权的枪声。

到了东汉末年，刘表更是割据荆州，睥睨一方。三国之后，西晋在短短统治了北方二三十年便因为"永嘉之乱"而远遁江东了。尽管如此却依然没有改变荆楚大地对抗中央政权的宿命，此时的中央已经迁移至江左地区，可东晋历任坐镇荆楚一方的刺史便摆明了要和江东叫板，由此"荆扬之争"贯穿了整个六朝时期。这一幕幕历史事件宛若我在开篇词中所提及的那般："凡擅命，尽开门节度、闭户王侯"！

那么，有人要好奇了，六朝及以前为什么偏偏是荆楚，敢于和中原叫板呢？我们不妨来细细梳理其中的缘由。

有一种尴尬叫"离中原太近，离南方太远"。根据现代中国的地缘政治，一河一岭分割了中国的南方和北方，这便是"秦岭——淮河"一线。根据这条分割线，秦岭——淮河以南便是南方。可是很尴尬的是，荆楚恰恰处于秦岭和淮河的衔接部位，它与江南和蜀中不同，并没有和中原及北方很明显地分割开来。所以，如果从地缘上看，我们很难将荆楚定义为南方或是北方，就像今天你去问一个湖北人，你是南方人还是北方人，他们的回答必然不尽相同。

荆楚离中原很近（从今天的地图上看，湖北中部到河南的距离远比山西陕西的中部到河南近很多），所以我们可以将其算作北方，最早的楚人亦是这么想的。但是，很奇怪的是，早期中央政权却硬生生地将荆楚大地划为南方，矛盾便是在彼时产生了。

因为傲慢所以有偏见，因为距离必然有隔阂，荆楚之地便在西周初年因隔阂而演化出一场战争。周昭王南征不返，这场中原与荆楚的首次交锋以中原地区的一败涂地而告终。而自那以后，中央王朝和荆楚大地的隔阂便愈发扩大。输的人不甘心，赢的人不放心，人心之间如此，区域之间亦然。

而能让荆楚大地长期抗衡中央的唯有两条——经济和武力。由于荆楚大地和中原的隔阂并不如蜀中和江东一般深远，所以该地区成了中原经济圈辐射的首站，加上又没有太多地卷入中原争霸之中，它在得到经济辐散的同时又有相对较好的外部条件去巩固和夯实经济基础。另一项武力值则是在荆楚与西周的第一次对抗中被点亮的，被中央王朝所摒弃的楚人第一次发现自己居然可以战胜那高高在上的中原上邦，自此之后，以武立国成了历代楚王的治国基调，"三年不战，死不入礼"成了当时楚国高层一致达成的守则。

但是时代并不是一成不变的，这一切的一切自马楚和南平开始，在两湖广袤的土地上发生了悄无声息的变化。马楚和南平对于中原王朝选择了集体宾服，一改当初荆楚怒怼中央的国策。自那之后，荆楚大地对抗中央的时代便一去不复返了。宋、元、明、清，我们再也没有看到往昔荆楚与中央对抗的情况，相反，荆楚却积极融入中央政权的大一统浪潮中。"无湘不成军"，中央的事，便是荆楚的事，这一点在清末格外明显。湖南、湖北的人才涌动，在清末民初的那段峥嵘岁月中，他们走在了全国的前头，而那时的他们所图的事，不再是荆楚，而是着眼于全中华。

那么，我们又不禁要问了，马楚和南平在当时究竟做了什么？仅仅是因为尊奉中原，而改变了后来一千年两湖地区历史的走向吗？其实我们很多时候都会犯一个错误，即陷入"伟人创造历史"的历史唯心主义思维。历史的走向从来就不是伟人一个举措所推动的，相反，中华的先贤们很早就提出了"穷则变，变则通，通则久"的观点。潮流和时势推动着历史的进步，也包括推动历史伟人去做一些决定。

我之前也说了，荆楚与中央政权所对抗的倚仗就两点，一旦这两点指标都不复存在，那么历史也只能强行按着它低头。先说经济，荆楚经济底子好，很大程度上沾了中原经济起步早的光，但倘若中原地区的经济再也无法走在全国前列，那么紧跟中原经济的荆楚经济也必然疲软。而六朝时期恰恰是经济重心南移的加速期，这次南移并未将经济重心转移到荆楚，而是转移到了江东和蜀中，夹在江东和蜀中之间的荆楚日益受到东西两方的经济压力，这样的情况下，荆楚似乎除了与中原抱团外，在经济上并无太好的出路。

虽然在这本书中，我曾大力褒扬高郁对于楚地经济上的贡献，但字里行间我们应该能清楚地了解，在高郁整顿楚国时，该地区的经济优势早已荡然无存了。而仔细观察高郁搞活马楚经济的招式，我们能很清晰地看出，高郁的前两项经济举措都是将楚国作为一个中间商的经济体去发展的，他就是将楚国作为中原和西南地区的经济纽带，以此赚取一个中间商的利润。这样的定位固然有利于楚地经济的发展，但也造成了楚地对外经济依赖严重，所以高郁在后来又大力发展楚国本土的自然经济，可惜，在那之后不久，这项经济举措就因为高郁的死而走向了低谷。

至于荆楚武力的崩溃，这一点早在南朝末期便草草落下了帷幕。荆楚引以为傲的强悍军力在随着江陵的陷落及王僧辩的覆灭后，彻底灰溜溜地退出了历史舞台，比它的经济崩溃得更早。

而马楚和南平所遭遇的时代背景，便是这样的一个荆楚大地，似乎在这样的条件下，奉中原为主是最有利的举措。而除此客观原因外，两个政权又都有各自的主观原因，先说马楚，马殷作为一个外来户，要想他完美地融合到湖南地区的文化和政治中去似乎很难，比起吴越、南吴这种本地人建立的政权，马楚的凝聚力似乎要差很多。这点尤其是体现在其亡国之时，强极一时的马楚政权自混乱到灭亡不到三年，湖南百姓也并没有对马家有太多的归属感。且在与强大的南吴政权数次交锋中，马楚胜少败多，这多种合力之下似乎也让马殷觉得，唯有抱团中央，才是正确举措。

而南平的遭遇就更差了，高季兴真是一个十足的"心比天高，命比纸薄"之人。他所占据的南平连今天湖北地区的四分之一都不到，他除了归附中央外，根本就没有和中央对抗的本钱！

在那样的情况下，马楚和南平选择了那种方式，我们似乎很容易理解了。往后一千年两湖地区与中央王朝由对抗走向联合的大势就在此时悄无声息地定下来。历史的变革是因为他们的举措还是说他们的举措也只是迎合已经变了的历史，这些我们各人有各人的看法，所以我也只以奇点去概括这场发生于唐末宋初荆楚大地上的改变。毕竟奇点本身，就有着不确切性。

二、对于少数民族羁縻府州政策的发展

在唐朝末年，出现了一种崭新的制度——羁縻府州制度。这种制度一经推行，很快便运用于各大边区少数民族聚集地。也得赖于这一制度，唐朝在很短的时间内版图急剧扩张，甚至一下子超越了西汉的鼎盛时期，第一次将中国的版图推上了一千万平方千米以上的高度。

到这里，好奇的小伙伴或许又要问了，为什么偏偏是唐朝，会出现这样一种制度呢？在秦汉时期，一道长城规则地分割了农耕文明和游牧文明的生活圈，长城南面是秦朝、汉王朝，长城北面是匈奴。但是长城北面的生存环境却并不如长城以南那般富足，草原上的游牧部落经常要遭遇靠天吃饭的艰辛。据此，南下劫掠便成了草原民族经常要干的事情，汉匈之间矛盾越积越深。

到了西汉武帝统治时期，汉朝的国力有了飞跃式增长，这样加剧了汉武帝与北方匈奴的对抗，由战至和，汉匈之间的百年战争由此拉开序幕。

汉匈百年战争中，汉朝政府并没有侵占过匈奴草原上的一片土地，相反还主动在匈奴分裂后，开怀接纳南匈奴归附，允许匈奴在汉朝并州一带繁衍生息。也正因为如此，在匈奴被汉朝击溃后，崛起的鲜卑成了蒙古草原这块地皮的新主人，没有占到一分领土便宜的汉朝相反却因为

接纳匈奴人而引火烧身，后来"永嘉之乱"也恰恰是因为匈奴人率先发难。

然而，六朝时期的动荡中，民族界限被彻底打破，如何在统一后建立起新的秩序成了隋唐两代统治者需要考虑的问题。隋朝杨家和唐朝李家都有一件相当尴尬的事情，因为他们祖上虽然血统上属于汉人，可在文化上早已被鲜卑人侵染，甚至还一度被冠以"普六茹"和"大野"这两个鲜卑姓。回不到秦汉时代的形势，隋唐索性就换种方式思考，开始将这些鲜卑人生活区域都纳入到自己的帝国中来，纳入帝国的版图意味着他们自此为一家了。

但是汉人与其他民族毕竟在生活方式和生产方式上有着显著差异，所以在帝国内部，唐朝统治者采取了两种不同统治方式，汉人聚居区依旧是以前的州郡制度，而在东北、西北、蒙古草原一带，新兴的政治制度——羁縻府州制度便诞生了。在划出的羁縻府州上，唐王朝拥有对该地区的主权，但在治权上交付给了地方民族自己去管理。换句通俗易懂的话来说，这就等于是另类的一国两制。

制度虽好，可也需要国力去维持，唐王朝庞大的一千万平方千米的版图只存在了相对短暂的一段时间便崩溃了，随之而来的是羁縻府州地区的相继脱离李唐王朝。而且，还引发了一件很不好的事情，既然唐朝政府以羁縻府州制度确立了多民族是在一个国界内，那么作为李唐王朝的国民，其他民族是不是也该享有国家的统治权呢？他们是这么想的，当然也是这么做的。先是安禄山，后是吐蕃回鹘，乃至后来的沙陀人，都是循着这条路去走的。五代时期，沙陀三朝占据中原的法理就在于此。

所以在唐末的时候，一些精英知识分子便开始考虑，羁縻府州制度真的是正确的吗？而马殷所处的时期，便是围绕羁縻府州制度存废争议的热点时期。马殷虽然没有唐朝的功业，但也遇到了和唐朝同样的问题，在他的统治区域内，广大的湘西也有不少少数民族盘踞，他们虽然不同于北方民族，可生活方式也异于汉人。怎样管理这些西南少数民族成了马殷乃至后继者都要考虑的问题，马希范虽然平日里浑浑噩噩，但是却异常清晰地办了一件事，即我们前文中交代的，与湘西少数民族确认的"一个楚国，分区而治"的政治模式，这其实就是对唐朝羁縻府州制度的肯定及发展。

也许在当时，没有人会觉得这么一项制度有什么深远影响，可是当后来的历任王朝宋、元、明、清乃至民国和新中国都在完善和践行这项制度的时候，我们似乎才能感受到马楚这个政权存在的意义，感觉到马希范这一生中的高光点。倘若没有马希范对羁縻府州制度的肯定，又如何有今日的民族区域自治制度的光芒呢？中国历史的所谓传承性似乎也可从羁縻府州——民族区域自治这条脉络中去寻觅。

当然，这项制度有时候也会被别有用心的人去歪曲和误解，典型的就是 20 世纪的日本侵华事件。笔者生于江南，记得老一辈人曾经说过这么一个故事，说当时镇江地区有个叫杨希智的教书先生，这个人曾经留学过日本，后来做外国书翻译成中文本的工作。日军侵华时，他甘当汉奸，还以读书人的身份蛊惑了不少百姓去做伪军。他的妖论就是，日本也曾经是中华的藩属国，也曾是中华大家庭的一分子，所以也有资格来接手统治中国。

这个妖论其实很容易被攻破，他那是以藩属来偷换羁縻府州的概念，以此蛊惑人心，在当时普遍受教育不多、文盲率很高的中国，确实很能哄骗国人。当然，天道好还，历史终究是公平的，日本侵华以失败告终，而这个叫杨希智的镇江教书先生据说后来也被人民政府枪毙了。

当然，在此除了给大家科普下马楚对于羁縻府州制度的发展，更多的还是希望能教会大家明辨是非的能力。现今社会网络传递信息迅速，泥沙俱下，如何不被虚假消息所蛊惑也全在于我们能树立正确的价值观、民族观以及世界观。

三、湖南湖北区域间微妙的变化

这一点也许相较前两点来说并不是那么明显，但应该提一下，因为这个能很好地为不了解荆楚地缘文化的人解开一些疑惑。今天的我们会将两湖地区称为楚地，但是湖南湖北究竟哪个地方能更好地代言"楚"这个威名，两地可谓争得不可开交，宛若今天重庆、四川的巴蜀之争。

抛开那些无知的地域认知，我们来仔细梳理下这千年间两湖地区的一个态势演化。其实客观来说，早期的楚就只是指湖北。早期楚国的受封地就在湖北境内，所以我前文说和中原距离不远。但是楚国这个政权实在太能扩张了，在春秋时期，它的领土整整扩大了二百倍，一举囊括了湖南湖北甚至是部分贵州、江西一带。到了战国时期，楚国更是一举吞下了江东一带，几乎占据了当时的整个南方。

江东一带作为被征服地，自然不能以楚为号，但是湖南湖北又哪个更有资格代替"楚"这个字呢？窃以为，当时还是以湖北为尊，因为一来湖北是楚国发源地，二来客观地讲，湖南在当时发展起步也相对较晚。后来秦末汉初的长沙国，虽然有"长沙"做国名，却有三分之二的国土位于江西境内。后来汉初设十三州，湖南湖北并为荆州，但当时的荆州治所还在湖北一带，湖南除了今天的长沙、株洲等湖南东部一带开发较好，其他地区还是相当滞后。东汉末期，孙刘瓜分荆州，湖南湖北分离的雏形开始奠定。但彼时湖北一带的经济实力仍然是多方面凌驾于湖南地区之上。

到了东晋及南朝时期，为了制衡长江中游荆州的强大威势，朝廷分设荆、湘二州，湖南、湖北就此分道扬镳。而随着侯景之乱后，北周、北齐对江北地区的蚕食，湖北一带也遭到了毁灭性打击，湖南、湖北之间的经济差距开始缩小。

而到了唐末，马楚和南平的出现彻底改变了湖南、湖北之间的逆差。马殷拿下固有的湘州版图后，还积极向北拓展，接连拿下了今天岳阳和常德、张家界一带的湘北地区，而这些地区既是经济大镇，又是原先荆州一带的故土。按照今天的说法，马王爷在湖南画了个圈，然后领土暴增了一大半。而原本应该占据湖北地区的南平国却因为受到多方打击，根本就无法掌控原本该属于湖北地区的旧土，且在这狭小的区域间，连经济都无法开发。至此，近古时期，湖南地区第一次完成对湖北地区的反超，而这次反超一直持续到往后近千年。渐渐地，楚人这个字眼更多地被湘人作为标签，而鄂人却因为朝代更迭而接连经受行政版图的变化，直到清朝，湖北地区的版图才正式定型，可是历史已经冷落他们多时了。

当然，在此声明，当社会步入近代后，经济上的差距开始受诸多因素牵制，有日益没落的老工业区，也有一夜崛起的"深圳速度"，这些变化都是在短短两三代人便能见证的。所以朋友们千万不要再拿以前的老皇历说事了。

回过头来，湘人确实得感谢马殷及他的马楚王朝，因为他不光开发了湖南地区的整体经济，为往后千年湖南人在历史舞台上的演绎提供了底子，更是改变了整个两湖地区对于中央王朝的态度。这一点，在近代的中国尤为凸显。

记得20世纪有人评价一位区域领导人为"以专制结束专制"，那么对于马殷及他的王朝，我也有一句类似的评价——"以割据结束割据"。自那以后，"不服周"的楚人终究成为了历史，而以"天下为己任"的湘人鄂人却在缓步走来。

最后以一首诗做结，以铭刻曾经在马楚王朝中同样发挥过重要作用的马希范。

弱冠英姿入洛阳，

巧言能安沙陀皇。

可叹九龙殿上士，

不复昔时少年郎。

附　录

乱世叙论

五霸论

五霸者，生于大周割据之时，尊天子于王畿，攘外族于宇内。然春秋之时，霸主甚多，五霸之说亦是众说纷纭，寻其大家之言，自是小白、重耳、穆公、襄公、庄王五人者。

齐桓公小白者，其先乃周初太公望，获封于齐，至桓公已是四百余年矣。桓公即位，免管仲射钩之罪，任之以相国。夷吾亦佐之九合诸侯，一匡天下。驱北狄于塞北，收东夷于麾下，葵丘之盟已安周室，然管仲死则霸业终，何也？五公子争位，亡齐社稷。

桓公后，襄公亦取霸业，然泓水一战，霸业为之终也。

晋公子重耳者，离国十九年，得穆公助之，得成大业。践土之会实招天子，城濮之战力挫楚蛮。当时是，万国来朝，以显尊位，然文公既殁，客卿擅权，未及百年，国已为韩赵魏三家分之。

穆公者，嬴秦氏也，五羊皮得百里奚，又兼有孟西白三将，并国四十于二，遂霸西戎。然穆公之后，士子百年未入秦也。

庄王者，楚国之王也，三年不飞也不鸣，然不鸣则已，一鸣惊人。方其取孙叔敖于海，得猛将于绝缨之会。大败晋军，饮马于渭水，问鼎于周室。兵锋何其盛也。然庄王百年后，国势日颓，竟为勾吴氏破其都，掘其坟，不亦悲乎？

其兴也勃焉，其亡也忽焉。何也？霸业者，实乃人治，非为法治，霸主既殁，其业亦终矣。以一人之喜怒哀乐议定国事，其可笑於。然百余年后，孝公任卫鞅以便法，法治遂成，后百余年秦国虽无贤主，国势犹未颓也，待始皇出，奋六世之余烈，屡至尊而扫六合。天下遂为一统，然商鞅之法为一家之法，非天下人之法。遂天下大势，分久必合，合久必分。

（2008 年，15 岁时作）

七雄论

春秋末年，秦晋交兵西北，吴越争霸东南，齐楚各据一方，强凌弱，众暴寡，天子失威于天下。怠三家分晋，田氏代齐，七雄遂出。七雄者，秦、齐、楚、魏、燕、赵、韩。此七雄，争霸天下百余载，兵连祸结数万里。然究其七雄之兴，皆不出得士、变法、强兵、盟交四者也。何谓得士，取天下名士为己用，此为称雄之道也。余观乎五霸之盛，皆得名士而佐之。如管夷吾之于齐桓，百里奚之于秦穆也。遂七雄之兴，皆不离名士也。燕昭之时，内外交困，内臣作乱于朝堂，强齐进扰外疆。然昭王千金市骨，修黄金台以揽士，得苏代乐毅之才，倾燕国之兵伐齐，占齐五十余城，尽雪前耻。魏氏亦得其道，使西门豹治邺，命吴起将兵，定《法经》

以安天下，遂得称雄战国之初。然齐虽有稷下学舍，奈何"珠玉买歌笑，糟糠养贤才"。遂齐得其贤才，却不得其用，终日渐艰危。

变法者，控天下之利，定久安之策，五霸之时，齐楚虽称霸一方，然未得长久，何也？无法以成长治久安之效。是使其兴也勃，其亡也忽焉。人治者，人存政行，人亡则政失。法制之行，则使上至达官贵胄，下至市井小民，言行皆得其道，定分以安邦。虽一家之法，比之人治，则远过矣，遂魏以李悝定《法经》。十载未至，已然傲视诸国矣。余惜乎魏之变法只为小成，若得二次变法，以魏得中原之利，富国强兵三十载，虽天下犹可得，何伦区区三晋。然魏惠王时，不知养士，遂使孙膑奔齐，吴起投楚，公孙鞅至于秦也。孝公惜才，拜鞅为左庶长，废井田，开阡陌，以行新法。廿载未至，俨然大国矣。内得虎狼之师，外争河西之地，秦之帝业，皆自鞅始。韩虽小国而入七雄之列，亦赖于变法也。申不害为相，立行新法，数载之后。一派小霸之风，然申以术制，校鞅之法制，高下可见矣。且韩处四战之地，纵得变法之臣，亦不得变法之时。

强兵者，国之所重也。遂得士，变法，盟交，皆为强兵，兵强国贫尚可，国富兵弱则危。余观秦之变法，皆不出富国、强兵二者也，尤以强兵为重。齐虽得山东渔盐之利，却无锐卒，终为秦之所灭。赵武灵王亦明此道，胡服骑射。是故赵尝五战于秦，二败而三胜，以赵之弹丸小国，犹可以强兵制秦，向使齐楚沃野千里，带甲百万，何惧秦乎？

盟交者，弱国因之而存，强国因之而霸。想来以苏秦区区辩士，竟得五国相邦之位，合纵抗秦，秦虽盛，兵锋犹未出咸阳。奈何苏秦早逝，大业终难为继。张仪亦明纵横之策，力荐秦王以连横，终使山东六国日削月割，以趋于亡。后秦以"远交近攻"为谋，终得并吞群雄，一扫宇内。余观苏张二人，身不过七尺，力不能缚鸡，仅以区区三寸之舌，尽可席卷城池，居则天下安，出则天下乱，东坡鄙之，然余深慕之。孙子云："上兵伐谋，其次伐交。"此言谓之。

得士，强兵，变法，盟交，秦皆得之，遂得并吞天下，问鼎周室。后秦焚书坑儒以害士，以严刑峻法而害民，废盟交以伐胡、越。是故，兵虽强，亦不免覆灭也。后高祖礼贤而得士，任韩信而强兵，变秦法为三章，交诸侯以攻项。终得高唱大风歌，威加海内归故乡。

（2011 年，18 岁时作）

五代论

李唐末造，天下板荡，巢贼逐天子于蜀地，秦逆乱社稷于中原。天下之乱，皆起诸雄，天下之安，亦因寇首。及梁唐晋汉周旋踵问鼎于中原，方有炎宋之基。观五代之朝，罔顾人伦者成其君，奉土称儿者居上位，民有倒悬之苦，国逢裂土之厄，数其年岁，五十又四也。

后梁者，巢逆朱温所建，温于巢贼军时，酷嗜残杀，机诈多变。及附国朝，乃刺恩主于狼虎谷，夺友藩于中州城，天下喟然。及其践祚，自淫乐骄逸，损兵于代北，折师在淮南。温子友珪衔恨其悖人伦之举，夜行大事，然旋即亦为弟友贞所杀。友贞暗弱，秉国十载，终为敌朝所灭。

后唐者，其先为沙陀朱邪氏，其酋李克用平叛有功，遂封晋王。唐崩之际，沙陀以"复唐"为名，割据代北，以窥朱梁。及克用子存勖方立，乃南下灭梁，函梁君臣之首以告其父，是为庄宗。庄宗有龙阳之好，乐梨园之曲，所擅事者，多依伶人。内政不修，却起刀兵，破前蜀而叛乱生，为兄讨而妻不容。庄宗即殁，其兄李嗣源嗣位，国势稍平。然嗣源死，其子争位，其婿石敬瑭亦假契丹之力而窃天下，为诸镇所不齿。

后晋者，亦为沙陀人所立，其主石敬瑭奉土称儿，乞媚契丹，以得大位。其侍契丹，岂牺牲玉帛，更裂土以酬。弃十六州代北之地，引契丹数寇中原，皆害民之大误。及其丧，侄重贵得立。重贵与契丹战，先胜而后败，丧身失国，为后人叹。然契丹久居苦寒之地，未通人性，视农地为草场，视百姓如牛羊，终引天下之叛。

后汉者，石敬瑭部下刘知远所立。知远亦为沙陀人，非有攻伐，乃得契丹入寇之利，窃夺天下。其国传二世又三年为郭威褫夺，其弟立国于太原，亦以"汉"为国名。

后周者，汴人郭威所立。威于青壮时，曾窃犬于乡间，为乡邻所弃。因斗杀地痞，恐获罪于官，乃入军中。威有一义子，唤作郭荣，亦行鼠窃做贼之事。二者比邻为奸，夺后汉之国，杀刘嵩之子，乃生北汉。威死而荣立，自此天下刀兵未尽矣。顿坚兵于太原，劳士卒于川东，屠黎庶于淮南，耀兵威于涿北。及荣死而宋祖受禅，天下始安。

彼五代时，兵痞横行，沙陀霸土，礼乐断绝，不思《麦》《黍》。朝秦暮楚者身居庙堂，罔顾人伦辈宰执天下。故"朝廷虽在，天下已亡"，此言谓之。藩镇之中，不见张巡之节，江湖之远，更少首阳之义，故幸赖其朝皆夭亡，反之，则贻祸中华甚远矣。

（2013 年，20 岁时作）

十国论

昔年永嘉乱而疆土分，列国一十有九也。唐末纷扰，民生艰难，社稷土崩。内困宦官之恶政，外逢节度之跋扈，天子蒙尘蜀中，大夫殒命白马，此诚天下将倾之时。朱温僭越，褫夺神器，以梁易唐，天下纷扰。王建建国西川，徐温霸土江淮，岐王分宇陇上，沙陀扬兵代北，此即"五代十国"之始也。

虽言十国，然当是时割据擅命者一十有五，或因霸业不显，为史家所轻也。余观夫十国之状，或以奉中原自终，或以振中华礼乐为任，或以擅地专命以自立。览十国之迹则或为自伐，或为北国所亡，概半为天命半以人谋。

前蜀者，王建所立也，昔朱温篡唐。建以长者自居而不服也，檄昭天下诸侯，言可互为列国以相援，共伐朱温，殆梁亡而唐兴，乃去国削号而归山野。诸侯不从，皆言建之所言乃背国忘君耳。建性喜斗，晚年尝教诸子相杀，又惑于花蕊夫人，建死而子宗衍立。宗衍无才，国势几为义兄宗弼所控。后唐年间，李存勖遣兵发蜀，六十余日而蜀地尽降，未见有死忠者。

孟知祥，本为沙陀李克用之赘婿也。得随沙陀入蜀，因趁其乱，据西川而攻董璋，俨然欲王川中。几番索战，终据川蜀之地，立国登基，后世呼为后蜀。知祥死而子孟昶立，昶经国乃十国之君最长也，虽内戳权相，外御强敌，然终亦为宋祖所吞也。

夫前蜀、后蜀，皆有文化之兴，府库之足亦涎敌国。然开国之主霸业未全，守成之君又困足苟安，为敌国所灭，理固宜然耳。

楚地尝为南平、马楚所分，南平国弱，马楚国强；楚与南平尽附中原。时后唐灭梁，二国遣使而归，纳土上表，极尽谦卑。晋汉年间，马楚众驹争槽，国亦为南唐所吞。越明年，战火复萌，朗州军驱南唐于江汉，挫南汉于郴、道，乃据湘州。至此，楚地疲敝，终为宋祖提囊入彀。

南汉者，立国于岭南，概为刘谦子刘岩所立，岩兄隐百战得立交广之地，与马楚战，败而怠亡。隐顾诸子无称雄之志，乃授位于弟岩。岩秉父兄基业，内兴开疆之事，外结马楚之姻，卒有赵佗之雄壮。岩死而子立，时有贼人张遇贤谎言为如来之弟，啸聚一方，攻城拔县，烧杀无数，南汉国自此衰矣。后马楚崩土，南汉亦发兵北上，全纳岭南之山河。末主刘铢为帝时，好阉宦胡姬，国政至此而败，终为宋室所收。

吴越、闽越土宇狭小，以小事大，仰赖于北国，故无争雄之利，亦无拓土之心。及宋祖扫平群雄，二邦尽纳土而降。

南吴者，高骈之图念、行密之肇基、徐温之实建也。清口败朱梁，苏湖退吴越，江汉讨马楚，赣中吞钟氏，固一世之雄也。后沙陀霸土，中原陆沉，马楚、吴越称臣乞怜，唯南吴有节，不臣于仇虏。故俊彦之士望鏊来归，时有谣曰："北国虽盛，犹为沙陀，正统相承，当在江左，衣冠礼乐，只余吴国。"此言谓之。

及烈祖受禅立国，国势维张，府库丰腴，民有余粮。野无旷夫，宫无怨娘，鳏寡有奉，孤独有养。彼其南唐，国威远扬，高丽宾至，泽及扶桑。唯其南唐，国威浩荡，南平称臣，契丹交邦，吴越束甲，马楚惶惶。

然烈祖殁而中主嗣立，开边衅而虚国库，侵友邻而断邦交，其大谬也。周宗掠其淮南，宋祖夺其江南，此极大憾事也。

评曰：首阳之义，千古圣贤，扬雄媚莽，遗臭万年。夫唐末裂土，纲纪涂地。沙陀入主，契丹寇边，诸侯各据一方。有持节者拒契丹而抗沙陀，亦有遣使而奉二酋，此皆有不同焉。然青史悠悠，终有录其对错纷由之事也。

（2018 年，25 岁时作贺小妹宋处微生辰）

（几篇古文旧作，以犒读者）

马楚国君顺序及主要人物关系表

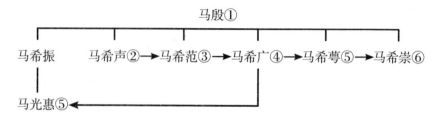

注：马希广被马希萼废杀后，朗州地区出现军人拥护马光惠，与马广萼并列为马楚第五任君主。

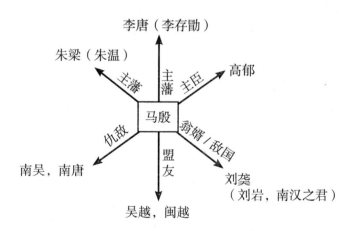

南平国君顺序及主要人物关系表

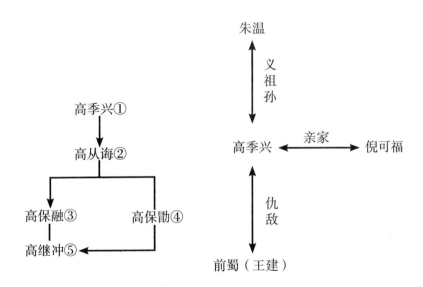

后 记

今天，我们这代人如何看历史

网上曾经流传着这么一句话："一切历史都是当代史。"这句话最初被冠名为一位美国历史学家说的，而后则被更多的人用来讽刺美国历史的短暂。然而，好奇心驱使之下，我特地去查证了这句话。

经过查证，这句话出自一位名叫克罗齐的意大利人，而由于翻译方面的问题，我们进行了脱离语境的直译，导致将这句话的意思变得相对浅薄了。那么，这句话的原意是如何的，我这边引用另一位外籍人士科林伍德的论述："一切历史都是当代史：但并非在这个词的通常意义上，即当代史意味着为期较近的过去的历史，而是在严格的意义上，即人们实际上完成某种活动时对自己的活动的意识。因此，历史就是活着的心

240

灵的自我认识。”

虽然已经进行了扩展性的解释，但通读之下我们还是会觉得思想有些绕，为了更便于大家理解，我还是决定用举例法让大家去理解。在中国历史上，曾经在汉初出现过一次历史界乃至整个文化界的思想触碰。而这个争端便是“今文经古文经”之争，秦始皇“焚书坑儒”，让中华的文化界遭到了一场浩劫。然而，浩劫之下仍有漏网之鱼，比如孔家后人就将一些经典书籍藏于墙中，躲过了这次浩劫。

秦朝统治匆匆而过，汉初整个中华文化的氛围开始变得宽松，可是这个时候出现了一个相当尴尬的局面。部分儒生口耳相传的儒家经典竟然和藏于孔家墙中的经典著作发生了出入，矛盾由此爆发，双方各执一词，都认为自己这边的经典是权威。按理说，藏于墙中的经典应当属于第一手资料，应该更具科学性，可历史很吊诡，在相当长一段时间内，那些口耳相传的经典反倒成为社会的主流。

那么，回归话题，开头的那句话恰恰能解释这一现象的形成原因。我们的社会是由形形色色的人所构成的，而历史就是这些人的轨迹，这轨迹既是人生活的轨迹，又是其思想的轨迹。但只要是人，那他就是一个个变量，是变量就不可能是加减乘除、化合分解、定律原理这些能固定解释的东西。今天，我们可以通过数学计算出一个个函数，求证出一个个公理，也可以通过化学周期率去发现一个个新的元素。但是，我们却无法通过任何方式，去推算一个政权的具体存在时间，也无法去预测一个历史大事件的爆发时间。

在法国大革命爆发的时候，不会有人知道，法兰西的共和之路是艰难而又曲折的，它并不如启蒙思想家们所规划的那般顺利和美好。而根据马克思的推论，社会主义革命应在发达的资本主义国家率先发生，可历史上第一个社会主义国家不是英国，不是美国，不是德国，而是当时相对落后的沙皇俄国。这，就是历史的变量。

在华夏先民口中，蚩尤是以一个胡作非为的恶徒而存在的。但是，在如今的苗族、瑶族口耳相传的民谣中，蚩尤却成了一位英雄人物。作为商朝末代王子受，很长一段时间，他都是以"无道昏君纣王"形象而闻名，但也不乏有人认为他是背了黑锅，前有孔子门徒，后有共和国学者。这，也是历史的变量。

希特勒上台伊始，德国的经济得到了全面复苏，日耳曼人一度将其视为带领德国重振雄风的伟人。然而，今天，在德国行纳粹礼已经构成了犯罪。"周公恐惧流言日，王莽谦恭下士时。"这，还是历史的变量。

历史是复杂的，而造成这种复杂恰恰就是这些变量。随着互联网时代的到来，信息量呈几何倍数增长，更是加剧了历史的变量。昨天我们也许还在念叨"五胡乱华"，今天我们却发现课本将其改称为"少数民族南下"了。昨天我们还在听老一辈说着岳武穆精忠报国，可现在却为"岳飞是不是民族英雄"而争论不休。言及此处，大家是否真正明白了"一切历史都是当代史"这句话的含义了呢？

在此，我引用一段同为"九〇后"历史爱好者南国游子（王富民先生）对五代十国的一个认知：

近代史家吕思勉在其著作《中国通史》里曾说："在中国，受世界交通影响最早的是南部。和旧文化关系最浅的，亦是南部，受旧文化的影响较浅，正是迎受新文化的预备条件。所以近代改革的原动力，全出于南方；南方始终代表着一个开明的势力。"这确实可谓是真知灼见，即以当代历史为例，我国改革开放的时代潮流，就是首先开启于南方的几个经济特区。我也相信，南部作为中国经济组织的龙头，在往后的岁月里必将发挥更加重要的作用。因此，时人也就有必要了解下南方的往事。

在大学的时候，我曾迷上南唐二主的诗词，对其留有深刻的印象。"细雨梦回鸡塞远，小楼吹彻玉笙寒。多少泪珠无限恨，倚栏干。"这样的句子自足以流传千古，即使相隔时代的差异，依然在读者面前熠熠生辉。

南唐二主能在中国文学史上取得一定的地位，除了李氏家族优良的传统，当然也与整个中国南部的历史息息相关。十世纪前半期，我国历史出现了一次大分裂的局面，这就是五代十国时代。五代中除后梁朱氏、后周郭氏外都不是汉族。自农民军的叛徒朱全忠起，他们在唐帝国的政权瓦解后相继统治了中国北部五十三年。这五十三年中，他们经常进行大混战，到处焚掠屠杀，弄得整个中原大地都被战争与死亡的气氛笼罩着，农业生产与工商业城市都遭到惨重破坏。

这时南方割据的九国都是汉人建立的国家，未受西北各强悍部落的侵扰，诸国间的战争也少，因而人民生活相对安定。特别是西蜀和南唐两国，吸收了关中一带和中原一带的逃亡人口，使劳动力不断增加，而当时如李昪的个别统治者还积极提倡生产、务农桑、兴水利等，因此这两国的生产力发展尤其，呈现出经济繁荣的景象，成为当时的两个经济中心地区。

兵火的消弭自然带来文治的修缮，因而词人的创作也集中在这两个国度。西蜀的词备见于《花间集》，南唐词的集子，流传下来的只有冯延巳的《阳春集》和李璟、李煜父子的《南唐二主词》。

过去的论史者，大多着眼于帝王的"功业"，抑或旧贵族风花雪月的烂事。但是，在累累白骨筑成的"不世功勋"，万人苦泪博得的妃子一笑外，我们是否应该转移一下自己的视线呢？所谓"历史"，不仅仅是大人物的传记，而真正承载其重的还是那千万在黑暗中挣扎的灵魂。而人民所真正需求的，不过是稳定的生活，而非什么开疆拓土，更遑论奇观与万国来朝了。读史者能明白这个道理，就会理解梁武帝治平江表四十余年和徐氏父子经营南吴、南唐两朝是多么了不起的功绩！

"转烛飘蓬一梦归，欲寻陈迹怅人非。"南朝的旧事也好，十国的残梦也罢，在漫漫的历史进程中不过惊鸿一瞥，终究要沉落于黑暗。但历史学习者，却不能只在乎那些"伟大"的东西，而忽略了更多的"渺小"

事物。

撰述此文，仅希望广大历史爱好者，能于传统的观点之外，多开阔视野，去领略更多的历史光景。不一定历史讨论的就只有那些固定的内容。

在这里，网友南国游子分别从三个角度谈了他的见解：1.他对十国的见解——一条有别于五代杀戮的文化延续之路。2.他对历史影响现今的见解——今天南方各个层面的变化与十国的存在究竟产生了怎样的联系。3.今天我们怎么样看待历史——跳出固有模式，用更人性的目光看懂历史。

诚然，我不得不承认，在我们的孩提时代，父辈和长辈给我们最初普及的历史都是来自于评书演义，而我们所津津乐道的东西竟然是杀人。"李逵提将板斧砍下这厮脑袋"，"只见赵子龙杀入曹营，枪挑数十员战将"。难道，我们热衷的历史都是来自于杀人的快感？当我们渐渐明辨是非后，才知道这种潜移默化影响的可怕。

今天，我们该怎么样看历史，网友南国游子为我们给出了他的答案，然而，我却不会明确给出我的答案。而当你将整本书都通读完毕后，你会知道我在文中给出的答案。因为我相信，我们每个人看历史都是不同的，但我们所处的大环境是相同的，在特定的历史时期，我们所接触的历史和所认知的历史也必然大抵相同。因为"一切历史都是当代史"。

《十国春秋之乱世圣主徐知诰》的开篇我和大家讨论了该如何审视历史人物，今天，我又和大家提了提该如何审视历史。在下一本书中，也许我还会和大家讨论其他话题，但唯一不变的是，我讲历史，不会强制让你相信什么，而会告诉你方法，如何正确思考什么。最后，感谢一路陪伴的朋友，从陈朝、梁朝、东晋、刘宋，到南唐、马楚……